마누 이야기

마누 이야기

문정희 포토 에세이

금빛 동행

PROLOGUE

아직도 믿기지 않고 꺼내기 힘든 말이지만, 지금은 나의 마누가 하늘나라로 떠났다.

일곱 살! 젊고, 멋지고, 건강하기만 했던 내 강아지.

그 아이가 없었던 삶도 있었는데, 꿈같이 우리에게 찾아왔고, 가족이 되었다.

그리고 다시 마누가 없는 삶이 되었다.

이것이 나의 현실, 현재이다.

몹시 아프다.

때로는 정신이 없을 만큼 마음이 흔들거려 옴짝달싹 못 하기도 한다. 하지만 그 아이가 우리와 나눠 준 소중하고 가치 있는 시간들은 삶에 차곡차곡 쌓여 지금도 든든하게 우리를 지지해 주고 있다. 그때의 그 환하고 행복 가득했던 시간들, 좌충우돌 육아 이야기를 여기에 남겨 보려고 한다. 이기적일 수 있지만, 우리 마누와의 추억을 글로 펼쳐 가면서 나는 나 자신이 다시 힘을 얻길 바라는 마음도 있었다. 떠나보낸 가족을 다시 추억하는 데는 커다란 용기가 필요했다. 그래도 나는 용기를 내 그 시간들을 적어 보려고 한다.

마누를 만나서 내 인생에서 가장 웃음이 많은 시간을 보냈다. 마누와 함께 걸을 땐 어두운 길목도 무섭지 않았고, 내 입가엔 항상 뿌듯한 미소가 함께했다. 다시 어린 소녀로 돌아간 것처럼, 귀엽고 사랑스러운 마누 앞에서 늘 즐거워했다. 같이 춤추고, 뛰고, 여행하고,

함께 고요함을 누렸다. 나의 아들이자 소중한 친구, 내 사랑 김마누! 성을 붙여 부를 만큼 마누는 우리 집안의 당당한 가족 구성원이었다.

그 모든 행복의 순간들이 이렇게나 짧을 줄은 예상도 상상도 못 했지만, 어느 순간 우리 가족은 마누와의 작별을 준비해야 했다. 갑자기 번개가 칠 때처럼 깜짝 놀란 가슴은 투병 기간 내내 진정되지 않았다. 아픈 마음을 애써 뒤로하고, 마누와 함께 우리는 마지막일지도 모를 순간까지 최선을 다해 함께 있었다. 얼마나 남아 있을지 모르는 시간들……. 억울하고 서럽고 미치도록 슬펐다. 담담히 자신을 받아들이고 있는 마누를 보며, 매 순간 많은 감정들이 불쑥 치솟았다. 무력하게도 우리가 할 수 있는 건 그 소중한 시간들을 마누와 함께 보내는 것뿐이었다.

마누가 떠난 후. 나도 조용히 사라진 듯했다. 성숙하게 아이를 추모할 수 있을 줄 알았지만, 어쩔 줄 모르는 방황은 꽤나 길게 지속되고 있다. 먹지도 못하고 자지도 못하고 웃음이 떠나간 공허는 마치 물속 같다. 이성이 발동되어 살아도 지고, 사회 관계망에서 근사하게 배우로 살아가고 있지만 가끔 요동치는 존재의 무게가, 사랑의 무게가 시절의 질량만큼 나를 뒤흔든다. 마구 눈물을 쏟아내기도 하고, 달려도 보면서 나를 그렇게 도닥이고 있다. 내가 원하는 위로를 나 스스로 하고 있다.

우리 아기랑 이별한 지 7개월이 막 넘었다. 그사이 우리 부부는 마누와 함께 하려던 사진전을 잘 마쳤고, 나는 드라마 촬영을 시작했고, 짬 날 때마다 속초 집을 오가며 마누와의 이야기를 글로 담아냈다. 몸이 바쁘고 힘들면 생각이 안 나거나 덜 나는 일은…… 일어나지 않았다. 마누가 떠난 직후엔 꿈에 우리 마누가 꽤 자주 등장해 주었다. 깊은 숲속, 짙은 초록이 가득한 나무 사이로, 언제나 그렇듯 그 아이 너무 바빴다. 여기저기 뛰어다니느라 이름을 부를 수도 없었다. 신나게 뛰고 있는 아이를 바라보며 나도 웃음 짓는 꿈들이 지속되었다. 깨고 나면 꿈속에서 그런 모습으로 나타난 마누 마음이 느껴져서 또 뭉클해졌다.

펫 로스 증후군이다, 상담을 받아야 한다, 주변에서 걱정을 많이 해 주셨다. 사랑하는 내 가족을 잃었다. 나의 아들을 떠나보냈다. 아플 수밖에 없지 않은가, 지금은 아프고 슬퍼도 되지 않는가……. 시간이 갈수록 그의 모습이 희미해질까 되레 아쉬울 뿐이다. 마누라는 강아지와 가족이 되고 세상에서 제일 사랑하는 존재가 되어 내 곁에 있었다는 게 이젠 정말 꿈같다. 아끼고 아껴 오래 함께하길 바랐는데, 그래서 더 정성 다해 보살폈는데……. 일곱 살이라는 이른 나이에 너무나 빨리 우리 곁을 떠나갔다. 청천벽력처럼 들이닥친 무서운 병마 앞에서 우리 가족은 두려움을 뒤로한 채 모두 최선을 다해 싸웠다. 그중 우리 마누가 제일 씩씩하고 의연하게 싸웠다. 너무 기특하다. 잘했다.

마누는 나를 엄마로 살게 해 준 존재다. 사람 아이가 없는 우리 가족에게 든든한 아들이었고, 실갑고 늘 웃음을 유발하는 사랑덩어리였다. 누가 뭐래도 마누도 나를 엄마로 생각했고 의지했다. 나는 우리 아들로서 모든 것을 쏟았다. 우리의 사랑이 아직도 남아 나에게 넘실댄다. 마누도 잊지 않고 간직하고 있을까? 언젠가 우리가 다시

만나겠지. 그곳, 그 멋진 곳에서 만나야 하니 나는 잘 살아 내야겠다.

이 책은 강아지에 대해 아무것도 몰랐던 우리가 우연한 계기로 만난 골든리트리버 마누와 진짜 가족이 되어 가는 여정이자 과정이다. 그건 우리가 마누에게서 받은 사랑과 마누와 함께한 일상의 기록이기도 하다. 또한 앞으로 잊혀 갈, 무뎌져 갈 그 아이의 사랑을 이야기하고 싶었다. 사람이 아닌 존재가 나에게 아들로서 주었던 귀한 사랑을 나누고 싶었다. 아이들을 가족으로 맞는다는 건 사랑을 만들어 가는 것이었다. 그렇게 사랑을 만들어 갔던 우리 가족만의 이야기를 들려 드리고 싶다. 진짜 사나이 마누와 늘 발발거리며 아이 케어에 정신없었던 나 마누 엄마, 그리고 묵묵히 마누를 교육하며 열성으로 사진을 찍고 기록해 준 마누 아빠. 우리 셋 다, 누구보다 행복했던 지난 7년이었다.

아이를 보낸 적이 있는 가족들에게 마누가 우리에게 가져다준 행복을 나누는 것이 어설픈 위로보다 백 마디 말보다 나을 것 같다는 생각을 조심스레 했다. 사진과 글을 즐기다 보면 어느새 우리 마누가 머릿속에서 살아 움직이며 웃어 줄지도 모른다. 나는 아직도 내 왼편 아래에서 마누가 날 올려다보며 환하게 웃고 있는 듯 느껴진다.

마누를 만난 뒤로 정말이지 열과 성을 다했다는 생각이 든다. 하지만 어떤 관계도 일방적일 수는 없다. 내가 쏟은 것 이상으로, 마누 역시 우리에게 열과 성을 다해 주었다. 사랑이 가득했던 우리 마누. 조금만 더 오래…… 오래 함께하기를 바랐지만…… 생명의 탄생과 소멸은 우리의 영역이 아니었다. 마누는 떠났지만, 우리의 삶 속에 깊이깊이 오래도록 머물길 바라면서, 늘 마누에게 얘기했듯 이 책으로 마누에게 한 번 더 사랑한다 말할 것이다.

우리의 추억들을 꺼내어 보면서, 다시 마누를 키운다.
다시 사랑을 바라본다.
마음에 다시 품는다.

마누는 대형견이고 골든리트리버의 특성도 고려해야 해서 우리는 독학으로도 공부를 많이 했지만, 또 여러 분들에게서 도움을 받았다. 전문가분들도 많았고 살뜰히 아이들을 보살피는 선배 보호자분들도 많았다. 그런 분들에게서 배우고 들은 것들은 마누를 키우는 데 참 소중한 바탕이 되었다. 나도 이제 그런 경험들을 나누고 싶어서 중간중간 몇 가지 이야기를 보탰다. 물론 내 의견이 정답도 아니고 나 역시 여전히 고민하는 점도 많기 때문에 아이와 함께하면서 궁금하고 고민될 만한 문제들을 애정 어린 마음으로 나누는 것이라고 받아들여 주시면 좋겠다.

무엇보다 마누의 이야기가 우리 곁에 짧은 시간 머물 수밖에 없는 이 귀한 존재들을, 지금 이 순간 더 사랑하고 더 따뜻한 눈길로 바라보며 곁에서 함께하는 데 응원과 지지가 되길 바란다.

MAN STORY

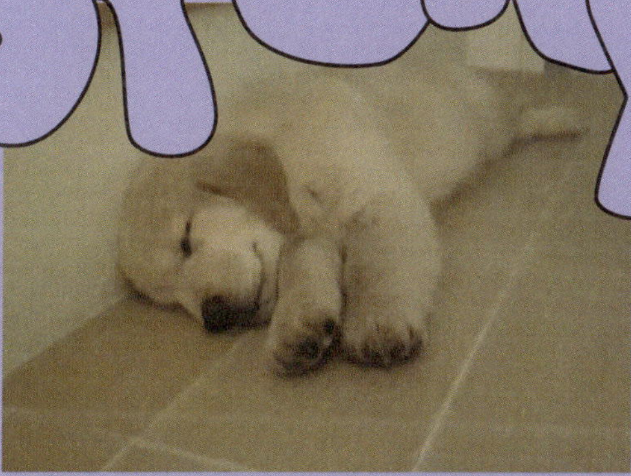

CHAPTER 01

아직은 어색하고 서툴지만

우리 부부에게 상상도 못 했던 선물 같은 존재!
짧았던 첫 만남부터 마음을 강타하고 무서운 속도로 자리 잡아,
사랑 그 자체로 영원히 남은…… 우리 강아지.

마누가 우리의 가족이 된 이야기이다.

마누는 10월 23일 가을 골든리트리버 전문 켄넬(견사)에서 태어났다. 가까운 지인이 골든리트리버를 키우고 있었는데 그 켄넬에서 데려온 아이였다. 그곳에서 아기들이 새로 태어나 구경 가기로 했다고 해서 별생각 없이 우리 부부도 흔쾌히 따라나섰다. 그렇게 생각지도 않게 우연히 두 달 갓 넘은 강아지들을 만나게 됐다. 어린 강아지들을 처음 보는 나와 남편은 사랑스러운 꼬물이들에게 한껏 매료되었다. 우리는 강아지를 키울 마음이 있거나 그럴 생각을 가진 적도 없는 터였다. 그곳에서 생각지도 않게 강아지를 며칠 데리고 있어 보라며 임시 보호 제안을 했다. 예기치 않은 일이라 아무 준비도 돼 있지 않았지만 며칠 정도라기에 덥석 해 보겠다고 수락을 해 버렸다. 지금 생각하면 어떻게 선뜻 그러자고 할 용기가 났는지. 그 모든 게 운명이자 필연으로 다가왔던 것 같다.

강아지들은 모두 여덟 마리였고, 우리는 그중 누구를 고를 수 있는 눈도 마음도 갖추지 못한 상태였다. 같이 간 지인은 강아지에 대한 경험과 지식이 많은 분이었는데 저 뒤에 꺼벙하게 졸고 있는 덩치가 제일 큰 아이가 어떻겠냐고 제안했다. 나는 그저 '누구면 어때, 어디까지나 잠시 돌보는 거니까' 하는 마음이었다. 그때의 꺼벙하고 덩치 큰 아이, 그 아이가 '마누'다. 나

중에야 알게 되었지만 마누의 아빠는 미국에서 사냥견과 수렵견을 브리딩하는 견사 출신으로 헌팅 도그 경기와 도그 쇼에 출전하며 수차례 수상 이력을 뽐낼 만큼 능력과 외모를 갖춘 멋진 아이라고 했다. 마누는 그런 아빠견과 한국에 있는 엄마견 사이에서 태어난 아이들 중 하나였다. 그때 우리는 그런 정보도 잘 모르고 그저 이 신비롭고 귀여운 생명체와 며칠 동거하는 기쁨에 젖어 아이를 안고 집으로 향했다. 처음 차를 타고 집에 도착했던 날이 선명하다. 아기 강아지는 멀미 때문에 차에서 구토를 했다.

아주 추운 겨울이 시작되고 있었다. 처음엔 사흘 정도만 있기로 하고 강아지 손님을 맞았다. 그렇게 우리 집 거실은 갑자기 배변 패드 필드가 되었다. 강아지 용품들이 하나도 없어서 급한 대로 켄넬에서 쓰던 것들과 집 앞 슈퍼에서 구비한 임시 밥그릇 등을 사용하며 허둥지둥 하루를 보냈다. 한순간에 집이 어지러워졌다. 남편과 나 우리 둘만 살던 공간은 테이블이나 주방 상판 위에도 아래에도 뭔가 놓는 걸 싫어하는 나의 성향에 따라(지금 생각하면 웃긴다) 나름 미니멀리즘의 인테리어(!)를 추구하고 있었으나…… 아이가 등장하자마자 그야말로 개판이 되었다.

마누의 아빠 프레슬리

'어쩌지? 계획에도 없는 사고를 친 것 같은데!' 태어난 지 이제 두 달이 넘은 아이의 몸무게는 11킬로그램. 우리 집 마룻바닥을 슬라이딩하고 다니며 여기저기 쉬도 하고 응가도 하고 다닌다. 깔아 놓은 배변 패드는 물고 뜯고 찢어지고…… 그러다가 사료 한 그릇을 두둑이 먹고 그야말로 천사처럼 잔다. 그렇게 오랜 시간 쿨쿨 잠을 자고는 밥시간에 겨우 일어나 밥을 먹고, 또 싸고 또 자고…… 우당탕탕 시간이 지나갔다.

임시 보호 기간은 어느새 사흘에서 일주일이 되었다. 여전히 겨울, 하루는 밖에 눈이 내렸다. 이 아이에겐 첫눈일 것 같아 목줄을 하고 밖으로 산책을 나갔다. 동동동 스텝을 밟으며 따라다니고 꼬리를 팔랑거리던 그때 모습이 생생하다. 하늘도 쳐다보고 땅에 떨어진 눈도 맛보고, 그렇게 첫 겨울을 맞으며 아이의 견생이 시작됐다.

함께한 지 일주일째! 켄넬로 돌려보내는 날이 왔다. 아침부터, 아니, 나는 그 전부터 이 아이를 못 보낼 것 같은 마음이 들고 또 들고, 결국은 남편에게 조심스레 얘기를 시작하다 눈물이 터졌다. "나 얘 못 보낼 것 같아." 그사이에 얼마나 정이 들었는지……. 정확하게 설명할 순 없었지만, 이 아이하고는 헤어질 수 없을 것 같다는 예감이 이미 내겐 확고히 자리 잡고 있었다. 앞으로 많은 걸 감당하고 책임져야 한다는 걸 알면서도 그런 마음을 떨칠 수가 없었다.

"너의 성향상…… 애가 이렇게 정신없는데, 그것도 아파트에서, 앞으로 엄청 더 커질 애랑 살 수 있겠어?" 남편은 이렇게 걱정했다. "벌써 10킬로가 넘어. 다 크면 30킬로도 넘을 텐데…… 감당이 되겠어? 우리 생활이 다 바뀔 거야. 할 수 있겠어?" 되겠어? 할 수 있겠어? 다음 기회로 미루자고 말하는 남편의 말에 너무나! 동의할 수밖에 없었다. '맞아, 무리지……. 처음 강아지를 키워 보는 우리가 감당을 할 수 있을까? 그것도 대형견을?' 잘못 선택하면, 우리도 이 아이도 모두 불행해질 수 있었다. 작은 아이도 아니고 대형견! 수컷! 털도 많은 골든리트리버라니……!

두렵고 걱정이 한가득이었다. 평상시 나는 개를 좋아하거나 관심이 많거나 꼭 대형견을 키워 보고 싶다거나 하는 마음을 가진 적이 없었다. 그저 우연처럼, 운명처럼 만난 이 아이와 며칠 지내고 난 후 마음을 뺏겨 고민하고 있었다. 혹시 즉흥적인 결정이 될까 봐 신중하게 이런저런 경우를 머릿속에 그려 본다. 아이에게 필요한 통상적인 환경도 갖추지 못한 상태였다. 그렇다면 이성적으론 포기하는 게 맞았다. 마음을 접어야 해!!! 그렇지??? 그런데…… 전혀 그러지 못했다. 이 아이는 세상에 하나뿐이잖아. 세상에 많은 골든리트리버가 있지만 지금 나와 만난 이 아이! 몸도 크고, 얼굴도 크고, 털이 새하얀…… 눈이 유난히 작고, 잘 웃는 이 아이는 얘 하나뿐이잖아!

"난 이 아이여야만 해……. 다른 아이는 싫어."
엉엉엉 울며불며 나는 어린아이처럼 내 사랑을 고백했다.

우리 부부에겐 아이가 없었다. 원하지 않은 건 아니고 둘 다 건강한데 아이가 없자 몇 년간 시험관 시술 및 인공 수정을 시도했다. 그 과정에서 몸도 마음도 상하고 지쳐 있을 때 이 아이를 만났다. 그렇다고 사람 아이 대신 강아지를 원했던 것도 아니었지만, 왠지 모르게 어떤 인연인지는 몰라도 이 아이는 우리 가족이 될 것 같다는 예감이 들었다. 남편이 아이에게 이름을 지어 주었다. '마누(Manu)'. 임마누엘의 줄임말로 하나님이 항상 함께하신다는 의미다. 스페인어권에서는 꽤 흔한 이름인 마누엘의 애칭이기도 하다. 나는 신앙적 의미를 담은 이름이어서 좋았는데 정작 남편은 미국 프로 농구 선수 이름을 따서 지은 거란다. 그 선수는 팀이 어려운 상황일 때마다 나타나 팀을 구원하는 기막힌 플레이어여서 마누랑 어울린다고 했다. 어쨌거나 우리 둘 다 마음에 드는 이름이니 됐다. 무엇보다 우리 마누에게 잘 어울리는 멋진 이름!

일단 약속대로 켄넬에 아이를 돌려보냈다. 그리고 계획이 미리 잡혀 있던 며칠간의 여행을 다녀온 후에 입양을 결정짓기로 했다. 이렇게 며칠 시간을 두는 것이 최선의 타협이었다. 켄넬에 잘 돌봐 달라고 되레 부탁을 한 후, 나는 여행 기간 내내 켄넬에서 보내 주는 마누 사진과 영상을 반복해서 보며 그리움을 쌓았고 육아 계획을 세웠다. 사야 할 것들, 훈련과 교육, 놀이, 운동…… 육아의 길은 사람이든 개든 크게 다르지 않았다. 남편은 유튜브로 골든리트리버에 대한 지식과 교육 방법 등에

대한 정보를 부지런히 얻었고, 설렘으로 마음이 붕붕 떠 있던 나는 서울 외곽으로 이사할 계획까지 세우느라 부동산 매물까지 뒤지며 분주했다. 그렇게 마음이 분주했던 여행에서 돌아와 입양을 결정하고, 드디어! 마누를 데리고 왔다.

우리 가족이 된 마누의 첫날! 지난번처럼 차에서 토하지도 않고 제법 차 타는 폼도 났다. 며칠 있었던 기억이 있어서일까, 집에 도착했을 때도 적응이 빠르고 편안해 보였다. 하지만 기쁘고 행복한 것도 잠시. 무엇보다 배변 훈련이 시급했다.

화장실로 유도하려고 배변 패드를 여러 장 깔고 칭찬해 주고 트릿을 주면서 패드를 줄여 나가는 방법을 시도했다. 하지만 아기들은 카펫을 사랑한다. 새로 산 카펫(!)에 여러 번 배변 실수를 했다. 깔아 놓은 배변 패드는 무용지물 같았다. 냄새나는 카펫을 치우고 다시 배변 패드로 바닥을 도배했다. 과연 성공할 수 있을까?

결론은…… 해냈다! 어쩌다 우연히 성공! 패드에 쉬를 하면 칭찬을 아끼지 않았고 간식으로 보상하며 패드를 줄여 나갔다. 물론 처음엔 실수가 많았다. 이게 잘되고 있는 건가 의심도 들었다. 하지만 계속 반복하기로 했다. 패드 가장자리에 쉬를 하거나 원목 마루 틈으로 쉬가 스미면 냄새를 없애기가 쉽지 않았다. 그럴 때는 아무 말 하지 않고 묵묵히 치웠다. 잘했을 때를 확실히 알려 주기 위해서였다. 나중에 전문가들을 통해 알게 됐지만 아이들은 긍정적인 반응과 에너지를 더 잘 기억한다고 한다. 잘못하고 실수할 땐 그 즉시 교정하지 않으면 알아차리기 어렵고 또 왜 그러는지도 알지 못한다.

그렇게 집 안 배변 훈련에도 잘 적응해 나가고 있었지만, 마누가 산책할 때 배변을 하고 들어오면 집에서 실수하는 일들이 더 줄어들었다. 위생상 밖에서 하고 오면 집을 청결하게 유지하는 데도 더 좋아서 우리는 실외 배변을 칭찬했다. 실외 배변에 익숙해진 마누는 어느 날인가부터 실내에선 배변도 마킹도 하지 않았다. 그러나 나중에는 많이 후회했는데, 비가 오든 눈이 오든 태풍이 몰아치든, 꽁꽁 얼어붙는 한겨울에든, 아프거나 힘들든 우리는 밖으로 나가야 했다. 그때 조금 더 실내 배변 훈련을 같이 해 둘걸!

아파트에서 대형견을 키우는 문제도 고민됐다. 그게 쉽냐 어렵냐, 맞냐 아니냐를 묻는다면 이제는 경험을 토대로 이런저런 의견을 말할 수 있을 것 같다('**Q & A**' 참조). 마누는 자고 나면 훌쩍 커 있었고 밥도 많이 먹고 배변도 자주 하며 무력무력 자라 갔다. 그런 마누를 보면서 뛰어놀 공간들이 있으면 좋겠단 생각이 계속 들었다. 적어도 산책길과 녹지가 가까이에 있었으면 했다.

우리는 결국 도심에서의 아파트 생활을 정리하고 강아지와 살기에 좋은 서울 외곽 적당한 곳으로 이사를 가기로 결정했다. 강아지 때문에 이사까지 간다니…… 생각도 못 한 일들의 연속이었다. 막상 강아지와 가족이 되니 함께하는 시간과 공간이 모두에게 편한 게 좋을 것 같았다. 우리 부부는 출퇴근 시간이 정해져 있지 않은 직업을 가지고 있어서 어쩌면 보다 쉽게 이사 결정을 할 수 있었다. 어쨌든 이렇게 하나하나 순전히 마누가 오면서 세운 나의 큰 그림이 완성되고 있었다……!

Q & A

대형견을 아파트나 공동 주택에서 키워도 괜찮을까요?

넓은 마당이 있는 주택이라면 활동량이 많은 대형견 아이들에게 정말 좋은 환경일 거예요. 하지만 전 세계 곳곳에서 많은 대형견들이 단독 주택이 아닌 공동 주택에서도 함께 잘 지내요. 다만 사람들도 공동 주택에 살게 되면 집 안에선 뛰지 않기, 시끄럽게 하지 않기, 어지르지 않기 등을 배우잖아요? 마찬가지로 강아지들도 어릴 때부터 그런 교육이 정말 중요한 것 같아요. 교육에 앞서 어린 강아지일수록 산책과 놀이를 먼저 해서 넘치는 에너지를 해소해 주는 것도 중요하고요. 그래서 산책을 충분히 하는 것이 꼭 필요해요. 이후 반복해서 아이가 습관화될 때까지 집 안에서 지내는 교육을 하면 아파트나 공동 주택에서 함께 사는 일도 그다지 어려운 일은 아닌 것 같아요.

한 가지, 엘리베이터 예절은 공동 주택에서 사는 강아지에겐 필수예요. 함께 이용하는 엘리베이터에서 사고가 발생하는 경우가 많더라고요. 이용하는 동안, 타고 내릴 때 우리 아이가 얌전히 잘 있어야 사고를 막을 수 있어요.

그리고 큰 마당이 있어도 산책은 꼭 하는 것이 좋아요. 아이가 공간에 적응하면 다 자신의 영역으로 생각하기 때문에 산책은 별개의 문제거든요. 마당 있는 주택에 사는 이웃 친구들 중에는 자기 마당엔 배변도 안 하는 아이들도 더러 있더라고요. 산책은 단순히 뛰어노는 것 말고도 새로운 영역을 탐색하는 것이기도 해요. 냄새를 맡으며 탐색하고, 보호자와의 교감을 익힐 수 있는 신나는 경험으로 긍정적 에너지가 충족되니 산책은 자주 해 주세요!

마누가 오자마자 배변 훈련과 더불어 예절 교육도 시작했다. 주로 남편이 맡아서 했다. 마누는 아직 어렸지만 두 달부터 시작된 교육은 짧게 자주 무한 반복되었다. '앉아', '엎드려', '기다려', 그리고 집에서 짖지 않기, 혼자 잠자기, 분리 불안 적응 훈련, 켄넬 훈련……. 우리는 열정적으로 가르치고 놀아 주고 사랑해 주었다. 교육은 유튜브에서 본 여러 트레이너들의 방법 중 마누와 우리의 라이프스타일에 맞는 것들을 채택하여 해 보고 또 해 보았다. 돌아보면 마누가 습득이 빠른 편이었는데도 훈련을 반복하던 기간 동안에는 더디게만 느껴졌다. 우리 애는 천재는 아닌가 봐 이러면서. 어휴, 부모의 욕심이란. 다 시간이 필요하다.

우리는 한 트레이너가 하는 순서를 따랐다. 1. Exercise(운동, 놀이) 2. Discipline(훈육) 3. Affection(애정) 그의 방법대로 꽤나 철저하게 훈육했다. 어릴 때는 훈련과 교육에 시간을 많이 할애했다. 특기(앉아, 일어나, 손, 굴러 등)를 가르치는 교육이 아니라 사람과 잘 어울려 지내기 위해 기본적으로 갖추어야 하는 예절 교육, 밥상머리 교육을 하는 것이 중요했다.

강아지 때는 존재하는 것 자체만으로도 귀엽고 사랑스러우니 사고를 쳐도 오냐오냐 넘어가다가 교육의 시기를 놓치기도 하는 것 같다. 우리는 앞으로 덩치가 꽤 커질 마누가 사람과 강아지에게 친절하며 어떤 장소에 가든 예의와 참을성을 갖춘 아이가 되길 바랐다. 너무 예뻐서 사랑만 하고 싶었지만, 이 시기에 배워야 할 것들이 너무나 많았다!

교육을 잘 하려면 골든리트리버의 종별 특성과 우리 마누의 개별적 성향을 잘 살피고 그에 맞춰 교육을 해야 했다. 이 모든 교육 내용은 거의 1년 안에 습관화되어야 한다. 1년이면 성체로 다 자란다. 몸집은 커지는데 컨트롤이 안 되면 나 같은 체구가 작은 여자는 질질 끌려다니고 넘어지고 다칠 게 뻔하다. 실제로 주변에 리트리버를 키우시는 분들은 한두 번쯤 아이의 돌발 행동에 크고 작은 부상을 경험했다고 했다.

퍼피 교육! 어릴 때부터 좋은 습관을 만들기 위해 우리 가족은 다 함께 애써 보기로 했다. 해야 할 것들이 많았지만, 하나하나씩 해 나갔다. 밥시간에는 테이블 매너를 가르쳤다. 2개월 반 된 마누가 집에 오자마자 시작했다. 엄마가 맘마를 준비할 때 주방 테이블 위로 뛰어오르거나 앞다리를 들거나 하지 않도록 기다리기 훈련을 했다. 리트리버들이 보통 식탐이 많다. 마누도 배가 고플 땐 겅중겅중 뛰곤 했는데 얌전히 기다릴 때까지 밥그릇을 내려놓지 않았다. 식탁에 밥그릇을 내려놓아도 '먹어' 명령이 떨어지지 않으면 못 먹게 했다. 이건 교육하기 위한 것이라 두세 살 넘어서는 밥그릇을 놓자마자 바로바로 먹게 했다. 밥을 먹을 땐 밥그릇을 뺏기도 하고 손을 그릇에 넣었다 뺐다 하기도 하면서 어떠한 자극이 있어도 물거나 성질을 내거나 하

는 반응이 없도록 둔감화 연습을 했다. 간혹 먹던 걸 뺏기면 입질을 하거나 성질을 부리는 아이들을 본 적이 있다. 그러면 잘못된 음식을 그릇에서 꺼내야 하거나 뭔가를 첨가해서 줘야 할 때 어려워지기 때문에, 밥을 먹을 때라도 중단할 수 있는 연습이 필요할 것 같았다.

또 먹는 동안에 엉덩이나 꼬리 혹은 생식기 쪽을 자연스럽게 자주 만졌다. 이상하게 생각될지도 모르지만 이것 역시 자극에 의한 무반응-둔감화 연습이다. '먹을 때는 개도 안 건드려'라는 말도 있지만, 보통 어릴 때는 먹는 걸로 사고가 나는 경우가 있기 때문에 먹고 있는 중이라도 보호자가 제지하면 순응하는 훈련은 꼭 하면 좋다고 생각한다. 어릴 때부터 이런 연습을 하지 않으면 몇 개월 후부터는 체격이 달라져 손도 쓸 수 없는 난감한 상황과 마주해야 할 경우가 생긴다. 시기를 조금만 놓치면 모두 습관으로 고착화된다. 좋은 습관은 사람이나 강아지나 어릴 때부터 길러 주는 것이 나중에 편하다.

마누가 미끄러질까 봐 이사를 가기 전까지는 거실 마룻바닥에 매트를 깔기로 했다. 뛰어다니는 아이를 말릴 수도 없고 부상의 위험까지 있어 거실 전체에 미끄럼방지 매트를 깔고 더러워지면 교체하는 식으로 생활을 했다. 어릴 때는 뒷다리 슬개골 및 고관절을 다치는 사고들이 많이 일어난다고 한다. 마룻바닥과 일부 타일들은 아이들이 미끄러져 다치게 되는 원인이 된다. 유전적 요인 때문에라도 신경 써야 하지만 기본적으로는 생활 환경이 아이를 다치게 해서는 안 됐다.

리트리버들은 고관절 이형성증이라는 유전적 질환들이 많다고 들었다. 주변에 어린 나이에 수술한 아이들도 보았다. 마누의 경우엔 밖에서 산책하거나 공놀이를 하거나 하기 위해 한번 나가면 신나게 많이 놀아 주었고, 집은 쉬는 곳 밥 먹는 곳이라는 개념을 갖도록 해 주었다. 실내에서는 크게 뛰는 놀이들은 자제했다. 아직 젖을 뗀 지 얼마 안 된 아기 강아지는 집에선 대개 잠을 많이 잤다. 일부러 깨우지 않고 많이 푹 잘 수 있도록 했다. 잘 때 가장 예쁜 시기니까! 이때 사진들에는 대부분 잠든 아기 마누, 천사같이 사랑스러운 마누가 담겨 있다.

3개월이 지나 100일! 100일 날이 되었다! 나는 마누와 잡지 화보를 찍게 되었다. 가드닝을 하는 콘셉트였는데, 예쁜 모습으로 촬영하고 싶어 전날 처음 내 손으로 목욕을 시켰다. 그동안에는 15일마다 분양받은 켄넬에 목욕 위탁을 했었다. 비용도 부담이었지만 점점 커 가는 아이의 목욕과 미용을 한평생 미용실에 맡기기는 어려울 것 같았다.

첫 목욕은 엉망이었다. 목욕은 한 것 같은데 제대로 씻긴 건지…… 마누는 추워서 덜덜 떨고……. 말리는 게 문제였다. 켄넬에서는 보송보송 예쁜 털로 오길래 드라이만 하면 잘 될 줄 알고 헤어드라이어로 시작했다가 한 시간 넘게 말려도  털에서 물이 떨어졌다. 이쪽 말리면 저쪽이 다시 젖는 꼴이랄까. 아직 봄이 오지 않은 때라 마누가 감기에라도 걸릴까 봐 엄청 걱정하며 꽁꽁 싸매고 털이 마를 때까지 마냥 기다렸다. 아직 서툰 엄마 때문에……. 마누는 털이 삐죽삐죽 꼬인 모습으로 촬영장에 갔다. 그래도 촬영은 다행히 잘 진행되었다. 100일 아이치고 덩치가 컸고 15킬로그램이 넘었던 마누. 우리의 첫 화보는 그렇게 무사히 완성됐다.

김포로 이사를 했다. 마누는 4개월에 접어든 때였다. 신도시라 새로운 집 앞뒤로 공원과 녹지가 가득했다. 고도 제한으로 높은 건물도 없을뿐더러 바로 집 앞 공원에는 넓은 잔디 광장이 여러 개 있어 사람이 없을 땐 콜 훈련도 하고 짧게 공놀이를 하며 운동과 훈련을 함께 할 수 있는 좋은 환경이었다. 성장기에는 운동을 많이 하기보단 간단한 놀이로도 충분히 스트레스를 완화할 수 있다. 또한 튼튼하게 뼈대가 완성되는 시기인 만큼 심한 운동보다는 잘 서고 잘 걷고 잘 뛰도록 하는 것이 더 중요하다. 키우면서 알게 된 거지만 강아지들도 바르게 서고 걷고 뛰는 걸 가르쳐야 했다. 저절로 되는 건 하나도 없는 것 같다. 내게는 트레이너분들이 운영하는 유튜브 채널들이 많은 도움이 되었다. 도그 피트니스 영상 같은 것들을 보고 따라 했다.

제일 신경 썼던 건 아무래도 먹는 것이었다. 충분한 단백질과 영양 성분이 골고루 들어간 사료를 찾아 하루에 서너 번 나누어 급여했다. 되도록 간식은 주지 않았지만 훈련할 땐 좋아하는 사료나 간식을 이용했다. 마누는 폭풍 성장 했다. 삐죽 마르도록 키가 자랐는데, 따로 살은 찌우지 않았다. 뼈대가 빠르게 쭉쭉 커 가는 걸 보니 살이 찌면 다리에 무리가 갈 것 같아서였다. 앞다리가 틀어지지 않고 II 자로 뻗어 있어야 관절이 튼튼하다는 브리더들의 말을 듣고 항상 발톱은 짧게 유지했다.

3일에 한 번은 발톱을 잘랐다. 니퍼로 뚝뚝 자르기보단 포를 뜨듯이 저며 냈다. 처음엔 싫어했지만 자꾸하다 보니 나중엔 발톱 깎을 때도 마누가 잘 참아 주었다. 서툴던 엄마의 발톱

깎기 기술도 점점 늘어나 나중엔 재빠르게 네발을 정리하고 그라인더로 갈아 마무리할 수 있게 됐다. 요령이라면, 한 번에 자르려고 하지 말고 조금씩 자주 잘라 주면 발톱 안의 혈관도 길게 발달하지 않아서 피를 보는 일도 줄어든다. 그러는 동안 마누 아빠는 발바닥 털을 클리퍼로 다듬었다. 환상의 2인 1조였다. 아이들은 대부분 이 과정을 즐기는 것 같진 않다. 그냥 참아 주는 거지. 그래서 아프지 않게 신속하게 해내는 것이 제일 좋다. 그러는 사이 우리 마누는 눈을 감고 잠을 자는 건지, 잘 쉬면서 기다려 줬다. 착하고 참 고마운 내 강아지!

우리 집은 마누를 위한 집이라고 해도 과언은 아니었다. 마누가 편안하고 행복한 게 우리의 편안함과 행복이니 당연히 그쪽을 택했다. 이사와 더불어 열혈 엄마 생활도 본격적으로 시작된 것 같다. 물론 아빠는 다른 역할이 있었는데…… 전속 포토그래퍼로 열성을 다했다.

이사한 집에서는 나가자마자 공원과 산책길로 연결됐다. 단독 주택은 아니지만, 복층 구조로, 계단을 이용해 이층 테라스로 나가면 배변을 할 수 있는 잔디 공간과 쉬는 공간이 있었다. 테라스로 가는 길에는 마누가 드나들 수 있는 여닫이 아크릴 문을 달아 배변할 때 자유로이 다닐 수 있도록 했다.

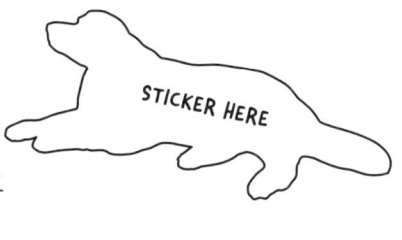

옥상 테라스에 함께 놀고 쉴 수 있는 공간도 마련해서, 우리는 테라스에 추억이 많다. 여름에는 그곳에서 털을 말리고 미용도 하고, 겨울에는 딸려 있는 작은 온실에서 목욕 후에 털을 정리했다. 이런 공간이 더 좋았던 건 바깥 소리에 덜 민감하게 돼서이기도 하다. 마당의 경우엔 바로 밖 상황에 아이들이 예민하게 반응하기도 하기 때문에 차라리 내려다볼 수 있는 옥상 테라스가 우리에겐 더 좋았던 것 같다.

마누와는 아기 때부터 늘 따로 잤다. 분리 불안이 생기지 않도록 하려고 혼자 자게 했는데, 마누는 더위를 힘들어해서 늘 시원한 테라스 쪽에 침대를 두고 자거나 켄넬에서 잠을 잤다. 더위 때문에 새로운 집엔 미끄러지지 않는 타일로 시원하게 바닥을 깔았지만 그럼에도 여름엔 늘 에어컨을 켜 놔야 했고 겨울에도 웬만하면 난방을 하지 않았다. 그래서 겨울이면 우리는 집에서도 늘 얇은 패딩 정도는 입고 지내야 했다. 덕분에 추위에 강해져서인지(!) 감기엔 자주 걸리지 않았지만. 마누는 가끔 영하의 날씨에도 옥상에서 외박을 하고 들어오기도 했다. 우리는 그런 마누를 '이층 총각'이라고 불렀다.

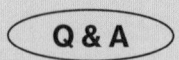

어릴 때부터 들이면 좋은 습관에는 어떤 것들이 있을까요?

1. 콜 훈련

필수 훈련 중에 콜 훈련(보호자에게 돌아오기)이 제일 중요한 것 같아요. 아이를 잃어버리거나 갑자기 달아나 버리는 사고가 생기는 걸 방지해야 하니까요. 콜 훈련은 어릴 때부터 놀이를 통해 하면 좋아요. 이름을 부르고 가까이 오면 보상과 칭찬을 아끼지 않아야 해요. 숨바꼭질 같은 놀이도 좋아요. 보호자를 찾으면 칭찬과 보상을 해 주세요.

2. 둔감화 훈련

밥을 먹을 때 몸을 터치해서 둔감화하는 훈련도 어릴 때부터 하면 좋은 훈련이에요. 아기 때 으르렁거리거나 보호자에게 이를 드러내 싫다는 표현을 한다면 물러서지 않고 초기에 훈육해야 해요. 마누는 2개월 때 추운 겨울 밖에서 놀다가 집에 들어가기 싫다고 떼를 쓰며 으르렁댄 적이 있었는데 바로 엎어트려 불편함을 줘 버렸어요. 그 후로 보호자에게 으르렁대는 일은 없었어요. 절대!

3. 짖지 않기

습관성 짖음은 제지가 필요해요. 우리는 어린 마누가 짖으면 안 된다는 사인을 줬어요. 성장기에는 훈련용으로 집에서도 한동안 목줄을 했는데, 짖거나 점프하려고 하면 목줄을 당겨 사인을 줬죠. 강도는 아이들마다 다르게 해야 하지만, 마누는 힘도 세고 빨리 자랐기 때문에 아이가 깜짝 놀랄 정도로 세게 했어요. 그래서 집에서는 짖으면 안 된다는 걸 빨리 알게 됐고요.

4. 손발톱 자르기

처음에는 피도 나고 익숙지 않아서 병원에 가는 보호자들이 많은데, 전 조금씩 포를 뜬다는 생각으로 아주 조금씩 자주 잘라 줬어요. 아이도 나도 차차 익숙해지면서 어느 순간 능숙해지거든요. 손발톱 자르기는 어릴 때부터 해 두면 정말 편해요. 나중엔 누워서 손발톱을 자르고 발 털을 정리하고 때로는 치석도 제거하게 됐어요. 그러려면 옆으로 누워서 기다리는 연습을 하게 하면 좋아요.

5. 발 닦기

마누는 실내에서 늘 함께 생활을 했기 때문에 외출 후 발 닦기가 기본이었어요. 아기 때부터 신발 신는 공간에서 잘 기다리거나 발을 닦고 나면 항상 맛있는 간식을 줬죠. 간식도 단계가 있었는데 보통은 사료로 보상을 해 주었지만 오래 기다렸거나 크게 칭찬을 할 때는 좀 더 좋아하는 맛있는 간식을 주기도 했어요.

6. 산책 훈련

우리가 끝까지 잘하진 못했다고 생각하는 것이 산책 훈련이에요. 목줄을 하면 보행을 함께 맞추고 먼저 당기지 않아야 하죠. 안 그러면 보호자들이 많이 다치게 돼요. 밖에 나가면 보호자는 내 강아지를 컨트롤하는 게 우선이죠. 마누는 신나게 치고 나가고 냄새 맡고 자기주장이 강했는데, 그 즐거움이 좋아 보여 넘기고 놔두다가 시간이 지나서 하니 일관된 훈련에 실패했던 것 같아요. 그래서 훈련시키는 데 시간이 정말 오래 걸렸죠.

7. 엘리베이터 타기

공동 주택에 살면 엘리베이터 에티켓은 빨리 익히는 게 좋아요. 대형견을 무서워하는 분들도 있으니 같이 타는 분들께 양해를 구하고 한쪽 코너에 앉아서 기다리기를 하게 했어요. 잘 기다리면 지체 없이 보상을 했죠. 타고 내릴 때는 강아지 발과 꼬리를 조심했고 사람이 먼저 내리고 그다음에 내리게 했어요. 큰 아이들은 안고 타기가 어렵기 때문에 공동으로 이용하는 곳에서는 차분히 기다리고 짖지 않도록 훈련하는 것이 필요해요.

8. 차 타기

마누는 처음 차를 타고 집에 올 때 멀미를 했어요. 구토도 했고 일시적으로 컨디션이 떨어지는 것 같았죠. 멀미하는 아이들이 많은데, 어릴 때부터 차에 적응을 잘 해 놓는 게 여러모로 편해요. 짧은 거리를 자주 다녀 보고, 차츰 시간을 늘려 장거리도 가 보는 식으로요. 성견이 되어 익숙해지고도 가끔은 헥헥대거나 구토를 하며 안절부절못하는 아이들도 있어요. 그럴 땐 자주 쉬어 가며 아이를 살피고 이동하면 좋아요. 환기도 자주 시키고요. 장거리를 갈 때에는 타기 전에 식사량을 줄이거나 배부른 상태로 차에 태우지 않는 것도 한 방법이죠. 어릴 때부터 차에 자주 태워 익숙하게 하기를 권해요. 다른 방법으로는, 전용 카시트를 이용하는 것도 좋았어요. 쿠션이 깊어서 안정감을 주기 때문에 몸이 덜 흔들려서 멀미를 줄일 수 있어요.

9. 실내 바닥은 미끄러지지 않는 재질로!

아가 강아지를 실내에서 못 뛰게 하는 건 생각만큼 쉽지 않죠. 산책을 충분히 하더라도 실내에서 놀이나 움직임이 많다면 꼭 관절을 위해 미끄러지지 않는 바닥재나 패드를 깔아 주세요. 근육량이 적은 어린 나이일수록 다리에 무리가 생겨 질병으로 이어지는 경우가 있다고 해요. 우리는 마누가 오자마자 강아지용 매트를 깔았어요. 그래서 미끄러지지는 않았지만 쉽게 이염돼서 청소가 쉽지 않았어요. 요즘은 단점이 보완된 다양한 매트들이 있다고 해요. 우리는 이런 것들과 관련한 정보는 주로 박람회에서 얻었어요.

10. 기다리기 훈련 및 식탁 예절

'기다려.' 마누에게 제일 많이 하는 말(명령어) 중 하나! 처음에는 되지 않더라도 밥을 먹거나 간식을 주는 때를 이용해 놀이처럼 시작해 봤어요. 마누가 우리에게 오자마자 '기다려'에 보상해 주는 훈련부터 했죠. 사람 음식에 관심을 보일 때에도 멀리 떨어뜨려 매트 위에서 기다려 훈련을 했어요. 시간을 조금씩 늘려 갔는데 놀이인 줄 알고 잘하는 편이었어요.

마누가 5개월쯤 된 어느 봄날, 지인의 집에 마누를 데리고 놀러 갔다가 마당에서 유박 비료를 먹는 사고가 생겼다. 잠깐 한눈판 사이 마당에 뿌려 둔 필렛 같은 비료가 사료라고 생각했는지 주워 먹었다. 집으로 돌아오는 길에 구토하기 시작하더니 밤새 열세 번 넘게 토해 기력이 다할 정도였다. 다음 날 아침 일찍 병원으로 옮겨 입원을 시켰다. 나무를 튼튼하게 해 주는 유박 비료는 봄철에 많이 쓰이는데, 아이들이 잘못해서 먹으면 리신이라는 독성 물질 때문에 사망할 수도 있다. 식물성 오일의 찌꺼기를 가지고 만들기 때문에 고소한 냄새를 풍기기도 하며 필렛 모양으로 사료와 닮기도 했다. 그래서 아이들이 주워 먹는 사고가 나기도 한다. 매년 봄마다 유박 비료를 먹고 사망한 아이들이 생기는 만큼 이때는 조심해야 하는 시기였다. '아직 아기인데…… 한눈팔지 말걸!' 후회가 밀려왔다.

입원 기간 동안 아이가 잘못될까 봐 조마조마 마음을 졸이며 눈물 바람으로 보냈다. 정말 천만다행으로 전날 구토를 한 것이 마누를 살렸다. 빠르게 다 토해 낸 덕분인지 아가는 병원에서 처치를 받고 수액을 맞으며 무사히 회복되어 갔다. 이후로도 한동안 인(P) 수치가 높게 유지되었다. 그래도 성장기였기 때문에 차츰 모든 컨디션이 정상으로 돌아오게 되었다. 그 사고 이후로 봄철 유박 비료를 경계하라고 주변에 두고두고 알리게 되었다. 잘 몰랐던 무지한 엄마 때문에 마누가 큰일 날 뻔한 것 같아 너무나 미안했다. 마누가 처음 겪는 큰 고생이었다. 가

슴을 쓸어내리며, 무사히 회복된 상황에 감사 또 감사하게 되었다. 이 사건으로 우리는 마누에 대해 더 애틋한 마음이 되었고 더 잘 돌봐야겠다는 다짐도 했다.

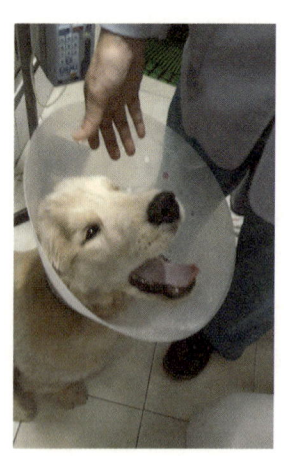

마누가 건강을 회복한 후 우리는 결혼기념일을 맞아 서해안으로 여행을 떠났다. 마누와의 첫 여행! 애견 동반 가능 펜션이었고 실내 수영장이 딸려 있었다. 우리 부부의 기념일을 축하한다기보단 마누랑 놀 속셈이 더 컸다. 견생 5개월 차! 처음으로 마누가 수영을 하게 된다! 리트리버들은 물트리버라고 불리울 정도로 수영을 잘한다고 알려져 있지만, 더러는 수영을 못하거나 싫어하는 아이들도 있다. 첫 수영에서 마누는 물을 무서워했다. 밖으로 나가려고만 하고 물속에서 발을 쓸 줄 몰랐다. 리트리버라고 당연히 수영할 줄 아는 건 아니었다. 이 또한 교육이 필요했다. 남편이 같이 물에 들어가 배를 들어 주고 꼬리가 가라앉지 않도록 유지해 줬다. 수차례 반복한 끝에 겨우 어푸어푸 앞발로 물을 끌어당겼고 뒷발도 제법 찰 줄 알게 되었다.

리트리버가 물에 들어가기 위해선 회수품(장난감)이 필요하다. 리트리버(Retriever)라는 명칭이 '수거하다', '회수하다'라는 뜻의 영어 단어 retrieve에서 온 것에서도 알 수 있듯, 사냥감을 회수하려는 본능이 강해 리트리버는 수렵 견종으로 분류된다. 물이든 숲이든 초원이든 가리지 않고 사냥감을 회수하기 위해 달리고 헤치고 수영하는 데 탁월하다. 발가락 사이에도 피부가 물갈퀴처럼 늘어나 물을 잘 헤칠 수 있다. 하지만 저절로 그렇게 되

는 건 아니었고 그렇게 되기 위해선 교육이 필요한 줄은 몰랐다. 초보 엄마 아빠는 마누를 진정한 수렵견(!)으로 거듭나게 하기 위해 열심이었다. 그렇게 우리 마누의 수영 라이프가 시작되었다. 마누는 첫 수영을 계기로 평생 수영을 제일 사랑하는 강아지로, 다이빙을 잘하는 아이로 성장해 나갔다.

수영의 계절 여름이다. "슝슝하러 갈까?" 귀신같이 알아듣는 단어 '슝슝'. 이렇게나 좋아하다니! 가깝고 먼 지역을 누비며 강아지 수영장을 찾아다녔다. 깨끗한 수질의 수영장을 찾아 여기저기 헤맸다. 운동장이 잔디라면 더 좋았다. 그렇게 다니다 보면 강아지에게도 사람에게도 마음에 맞는 멤버가 생긴다. 잘 맞는 친구끼리 함께하는 강아지 커뮤니티가 형성되는 것이다. 사람들과 마찬가지로 강아지들도 사회성이 정말 중요하다. 다른 강아지들과 지내는 데 필요한 예의를 배우고 사람에게도 친절하도록 가르쳤다.

수영장 예의 중 하나는 풀장 안에서 다른 아이들의 장난감을 빼앗거나 대신 회수하지 않는 것이다. 저마다 좋아하는 장난감이 생기는데 그걸 목표로 수영하러 갔다가 다른 아이들과 한꺼번에 몰려 싸움이 나는 경우도 있다. 물에서는 절대로 자기 장난감만 가지고 놀도록 가르쳐야 했다. 아직 어리고 다른 장난감에 관심이 많을 때라 남의 것을 물어 오기도 했는데 그러면 혼이 났다. 다른 아이가 마누의 것을 먼저 물 때는 포기하게 하

고 다른 장난감을 던져 물어 오게 했다. 풀장에서 질서를 유지하려면 보호자의 관찰이 꼭 필요하다. 다른 아이들과의 만남이 늘어날수록 사람도 강아지도 배워야 하는 게 자연스레 많아졌다. 마누의 수영에 관해서는 풀어 낼 이야기가 많으니 앞으로 이어질 이야기도 기대하시길!

마누의 유치가 빠지기 시작했다. 4개월부터 6개월 사이에 작은 유치들이 흔들리고 빠지더니 42개의 영구치로 바뀌었다. 하얗고 빛이 났다. 쪼끄맣고 뾰족한 유치는 생각보다 날카로운데 이것저것 닥치는 대로 앙앙 물어 댔다. 우리는 사람 손이나 물면 안 되는 것들에는 안 된다는 표현을 단호히 해 주었다. 이갈이 시기엔 나무나 가구 등을 치아로 갈갈 긁어 파손되는 경우가 많은데 우리는 아예 작은 나무 테이블 하나를 마누 이갈이용으로 포기하고 헌납했다. 물어도 되는 것과 안 되는 것을 구분해 주기 위해서였다. 하나둘씩 빠지는 치아가 작고 소중해서 전부는 아니지만 아직까지 마누의 유치를 고이 간직하고 있다. 특히 어금니는 흔들려도 잘 빠지지 않아서 터그 놀이를 해 주며 이갈이를 모두 마쳤다. 마누는 결치도 없이 새로운 치아를 무사히 장착했다. 그리고 이때부터인가…… 그 유명한 공포의 사춘기! 개춘기가 시작되었다…….

마누는 에너지가 넘치고 기가 센 남자아이로 자라고 있었다. 마누의 아빠도 사냥 필드견이었는데 총소리에도 놀라지 않고 사냥감을 잘 회수하는 대담함을 가졌다고 들었다. 마누도 6개월이 넘어 가면서 예민해지는 부분이 보이기 시작했다. 아직 중성화 수술을 하지 않았는데, 남성성이 올라오는 것 같

았다. 마누가 성장기였기 때문에 우리는 수의사나 주변의 조언을 바탕으로 중성화에 대해선 일단 좀 더 고민해 보기로 했다.

이제는 마누의 힘과 에너지가 나 혼자는 감당하기 어려울 정도였다. 몸무게도 25킬로그램이 훌쩍 넘어갔다. 마누는 자신보다 덩치가 큰 아이들을 경계했고 좋아하는 지인들을 만나면 미친 듯이 끌어 댔다. 꼬리도 언제나 기세등등 한껏 쳐들고 다녔다. 남편과 나는 이 시기에 여러 트레이너분들과 리트리버를 키우시는 주변 분들을 찾아다니며 조언을 구하기도 했다. '앞으로 이 아이를 어떻게 키워야 할까요?' 훈련 센터에 보내라는 분도 있고, 아카데미를 권하거나 집 방문 교육을 알아보라는 분들도 있었다. 많은 분들이 외부의 도움을 받으라는 의견을 주셨다.

교육과 습관 형성은 일회성으로 이뤄지지 않는다. 그리고 보호자들이 각자 사는 방식에 따라 교육 강도와 내용도 달라지게 마련이다. 아이에게 맞는 것이 무엇인지 답을 찾아 가는 것은 보호자들 각자의 몫일 것 같다. 그리하여 우리는 몇몇 트레이너분들과 지인들의 조언을 취합하여, 대담하고도 지속적인 제재로 마누를 직접 트레이닝해 보기로 결정했다.

산책할 때 끌거나 고집을 부리거나 다른 강아지들을 경계하면 힘이 센 아빠가 물리적으로 마누를 넘어트리고 몸을 눌러 힘이 빠질 때까지 움직이지 못하게 했다. 아이가 힘이 빠지고 차분해지면 놔주고, 일어나라는 명령을 하기 전까지 그대로 머물게 했다. 처음에는 온몸으로 난장을 피웠다. 그래도 힘으로 아이를 제압했다. 우리가 리더여야 했다. 개들은 무리 동물이기 때문에 안정감을 주는 리더가 올바른 행동을 알려 주는 게 필요하다. 아직까지는 꼬맹이니 가볍게 제압한다! 반복 끝에 마누는 그런 상황이 자신에게도 불편하고 엄마 아빠도 싫어한다는 걸 깨달았다.

물론 시간이 걸렸다. 두 살이 넘도록 우리의 엎어치기는 계속됐고, 이후 횟수는 점점 줄어들었지만 아이가 커지니 옆에서 보면 마치 레슬링이나 유도를 하는 것처럼 보였다. 어떤 지인분은 뭐 그렇게까지 아이를 심하게 제재해야 하느냐고 하셨는데, 우리는 일관되게, 즉각적으로 알려 주는 게 중요하다고 생각했다. 지금은 흥분하면 안 된다는 걸. 그래서 나중으로 미루지 않았다. 물리적인 자극은 아이의 몸집에 따라 강도와 방식을 조절해야 한다. 그렇다고 때리거나 감정을 섞어서 혼내는 건 절대로 안 된다. 소중한 아이들에게 상처가 된다.

마누는 힘이 셌고 여간해서 주눅 드는 아이가 아니었기 때문에 남들 보기엔 강한 제재였더라도 앞으로 어디든 함께 다니기 위해선 그 정도는 꼭 필요하다고 우리 부부는 생각했다. 목적은 물리적 자극으로 불편함을 느끼게 하는 것이다. 흥분도가 올라가 있을 때는 여간해선 자제나 컨트롤이 되지 않는다. 트레이너분들은 제재의 세기나 강도를 세심하게 맞춰 주기 어려울 때도 있을 것이다. 어느 정도로 제재해야 하는지 제일 잘 알고, 알아야 하는 것은 같이 생활하는 보호자 가족이다. 때로는 나도 그냥 넘어갈까 하는 마음이 들었지만.

마누의 돌발 행동과 흥분 상태가 눈에 띄자 남편은 확고하고 일관된 방법으로 교육을 이어 나갔다. 나 또한 남편과 뜻을 같이했고 동일하게 교육했다. 남편보다 힘이 적은 내가 엎어트리는 상황이 되어도 마누는 아빠가 했던 기억 때문인지 순순히 따라 주었고, 난 그 모습이 너무나 귀여웠다. 입을 꾹 다물고 교육을 받고 있을 때면 너무 귀여워서 얼마나 마구 뽀뽀해 주고 싶던지!

그런 훈련들을 했음에도 수영장에 도착하거나 신나는 일이 발생하면 어김없이 마구 흥분했다. 그럴 땐 목줄을 하고 흥분이 가라앉을 때까지 기다렸다. 조금 차분해지면 이동, 다시 흥분하면 기다리기! 그리고 보호자에게 집중하기! 해도 해도 정말 오래 걸렸다. 지인들과 수영장 모임을 했는데 마누가 너무 흥분해서 한참을 못 들어가고 문 앞에서 몇십 분을 훈련한 적도 있다. 교육은 누구에게나 어렵다. 사람에게도 강아지에게도 마찬가지다. 하지만 이런 과정을 통해 몇 년 후엔 누구보다 점잖고 잘 참고 배려를 잘하는 마누가 되었다. 우리 아이처럼 흥분도가 높고, 에너지가 큰 아이일수록 교육과 제재는 필수다. 이것이 곧 예의라고 생각한다. 그렇게 몸에 배도록 익혀야 어디든 함께 갈 수 있고, 같이 누릴 수 있게 된다.

 신기하게도 강아지를 키우게 되면서 오히려 사람에 대해 더 많이 생각하게 됐던 것 같다. 마누의 개춘기는 나의 사춘기를 떠올리게 했다. 몸은 크는데 뇌는 아직 여물지 않은, 호르몬의 영향으로 감정과 행동이 뒤죽박죽이었던 나의 사춘기. 강아지도 사람처럼 그런다는 게 신기하고 세상에 태어난 존재들이 성장하는 과정이 새삼 경이로웠다. 물론 말은 드럽게 안 들었다. 당연한 거라고 생각하면서도 컨트롤이 안 되니 속으로 '참을 인'을 끝나지 않는 노래처럼 계속 외쳐 댔다. 마누의 개춘기는 8개월 정도부터 두 살까지는 엎치락뒤치락 계속됐다.

공이나 장난감 인형을 사 줘도 몇 분을 못 갔다. 금방 뜯고 잘근거려 놨다. 어느 날은 차 안에서 잘 기다린다 싶었는데 잠깐 자리를 비운 사이 운전석 기어 봉 가죽 부분을 야무지게 뜯어 놨다. 딸려 있는 기기들도 고장 나서 큰돈을 들여 바꾸는 일도 있었다. 이젠 마누가 부린 말썽들이 애써 생각해야 겨우 떠오를 정도로 아무것도 아니게 됐지만, 그땐 절로 한숨이 푹푹 나왔다. 그간의 훈련들이 아무짝에도 소용없나 좌절한 순간들도 있었다. 트레이너분들을 찾아다니고 만나고 조언을 들으며, 이 시기를 어떻게 넘길지 뾰족한 해법을 찾으려 애썼지만 결론은 같았다. 애정을 들인 반복 학습뿐! 시간과 정성을 쏟는 것 외에 다른 답은 없다는 진리를 마주할 뿐이었다.

다시 수영 이야기를 해 보자. 왜냐하면 개춘기 시절엔 흔히 '에너지를 빼 준다'는 표현대로 충분히 운동을 해 주는 게 좋은데, 수영은 스트레스 완화에도 좋았을 뿐 아니라 그만큼 시원스레 모든 게 한번에 해결되는 운동은 없었다. 다행히 5개월 때 경험한 첫 수영 이후 마누는 물 맛을 알아 버렸다. 수영장에서는 나이가 두세 살 넘어가는 다른 리트리버들이 물에 풍덩풍덩 뛰어드는 것을 보고 마누도 덩달아 따라 뛰어들곤 했다.

다이빙도 시작했다. 무엇도 마누의 장난감 회수 본능을 막을 순 없었다. 더 빨리 회수품에 도달하기 위해 도움닫기를 하여 멀리 점프하기 시작했다. 이를 본 남편이 더 멀리 도움닫기를 하도록 유도해 봤는데, 장난감을 멀리 던질수록 마누의 점프 폭도 늘었다. 아, 보기만 해도 시원했던 마누의 다이빙 점프! 도움닫기로 달려 뒷다리를 차고 앞발을 쭈욱 뻗어 하늘을 날듯 공중 부양 하는 우리 마누의 모습은 정말이지 호쾌하고 멋있었다.

어느 날 마누를 지켜보던 수영장 사장님이 도그 다이빙 대회가 있으니 나가 보라고 권하셨다. 그런 대회가 있다고? 정말 있었다. 제3회 코리아 도그 다이빙 대회! 이미 외국에는 도그 스포츠들이 보편화되어 있는데, 우리나라에도 슬슬 그런 문화가 도입되고 있는 모양이었다. 호기심도 생기고 해서 마누와 즐겁게 다이빙 대회에 나갔다. 그해 마누는 난생처음 다이빙 대회에 나가 6.1미터 대회 신기록을 수립하며 당당히 우승을 차지했다.

마누는 수영과 다이빙에 단단히 빠져서 수영만 하면 아주 흥이 넘쳤다. 아무도 그의 물 사랑을 막을 수 없었다. 다이빙도 더 멀리 할 수 있게 되고 한번 수영장에 가면 집으로 억지로 끌고 돌아와야 할 정도였다. 재미가 붙어 두 살 무렵 다이빙 대회에 다시 참가했다. 두 해 연속 참가였다. 과연 결과는……? 또 1위! 트로피에다 상품까지 가득 받아 집에 왔다. 난 그때 촬영으로 함께 가시 못했는데 상을 타고 아빠와 둘이 잔뜩 신나서 집으로 돌아왔다. 못 말려, 정말!

수영은 채 한 살이 되기 전부터 우리의 일상이 되었다. 본격적인 여름철엔 일주일에 두세 번은 수영장엘 갔다. 수영은 관절에 무리가 가지 않게 운동할 수 있고 더운 여름 이중모를 가진 아이들에게는 더위를 식혀 주는 좋은 피서법이기도 하다. 마누는 여름뿐 아니라 초겨울까지는 야외에서, 추운 겨울에는 실내 수영장을 이용하여 수영을 했다.

수영을 하면 목욕시키고 미용을 하는 과정이 뒤따른다. 워낙 물을 좋아했던 마누는 어쩔 수 없이 자주 씻게 되었다. 여러 아이들이 이용하는 풀장이니 깨끗하게 몸과 털을 닦아 내야 했다. 이 문제에도 정답은 없지만 나는 언제나 마누가 청결했으면 해서 수영한 뒤나 더러워지면 바로바로 씻겼다. 마누는 어릴 때부터 신발장 앞에서 항상 발을 닦고 실내로 들어오게 했는데, 습관이 되니 들어가지 않고 발을 닦아 줄 때까지 자기가 먼저 늘 기다렸다.

아가일 땐 목욕도 금방 끝났지만, 어느새 몸집이 훌쩍 커 버린 마누를 씻기고 말리는 일은 거의 중노동에 가까웠다. 털도 이중모에 잘 젖지 않는 터라 충분히 젖을 때까지 미온수로 적셔 가며 기다렸다가 샴푸 칠을 해야 한다. 그러지 않으면 보통 개 비린내라고 하는 이상한 냄새가 몸에 남는다. 목욕을 잘 시키는 노하우를 알고 싶어 도그 쇼 브리더들(핸들러)에게 묻기도 하고 그들이 수영장에서 하는 걸 보고 어깨너머로 익히기도 했다. 확실히 그분들이 하면 털들이 가지런하고 윤이 났다. 하지만 목욕과 미용 실력도 갈고닦으면 느는 법이니!

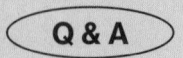

수영을 자주 해도 괜찮나요?
목욕도 자주 하면 안 좋다는데 괜찮을까요?

리트리버들과 수렵견들은 대부분 수영을 좋아한다고 해요. 저희가 사계절 내내 수영장에서 '좀 놀아 보니' 수영장 단골들은 대부분 리트리버들이더라고요. 더러 보더콜리나 중형견들, 소형견들이 더운 여름에 피서용으로 수영장을 찾기도 하고요. 운동 습관으로 자리 잡으면 관절이나 근육에 큰 부담을 주지 않는 좋은 운동이 수영인 것 같아요. 문제는 수영하고 난 다음의 관리예요. 각종 피부 질환이 생길 수도 있으니 잘 관리하는 것이 중요해요. 대부분의 반려견 수영장들은 여러 친구들이 이용하는 환경이라 늘 깨끗이 물을 관리하기가 어려운데, 그렇기 때문에 수영한 후엔 몸을 잘 헹구고 씻기도록 신경 썼어요.

여름이면 일주일에 이삼 일은 수영장에 간 저희 같은 경우는 매번 샴푸를 할 수 없었는데 그럴 땐 꼭 깨끗한 물로 오래 헹구고 털끝은 트리트먼트나 린스로 마무리해 줬어요. 정전기를 막기 위해서였는데 안 그러면 털이 끊기거나 엉켜서 좋은 모질을 유지하기가 어렵거든요. 피부 질환을 예방하기 위해서라도 깨끗이 헹구고 꼼꼼히 말려 축축한 부분이 없도록 해줘야 해요. 피부는 털 밑에 있기 때문에 잘 말리지 않으면 곰팡이가 생기거나 피부병에 취약하게 되죠. 조금이라도 더러워졌다면 귀찮더라도 샴푸로 깨끗하게 닦아 주는 게 좋아요. 목욕을 자주 시키면 안 좋다는 견해들도 있는데, 리트리버들의 경우는 물을 좋아해서 털이 젖는 상황이 많아서인지 청결하게 유지됐을 때 오히려 피부병이 덜 하더라고요. 저희만 그런 게 아니고 주변 친구들도 다 그렇다고 하고요.

마누는 바다 수영도 정말 좋아했어요. 바다는 수영장과는 또 다른데, 염분이 피부에 좋지 않거든요. 그래서 바다 수영은 언제나 한 시간을 넘기지 않게 했어요. 게다가 바닷물을 먹게 되면 설사를 하기 때문에 짧게 끝내도록 했죠. 바다 수영을 할 때는 유속이나 물살 등의 변수가 있으니 그날의 날씨와 풍속을 체크하고 수온도 꼭 확인해야 해요. 구명조끼도 꼭 착용하고요. 아이들이 수영을 잘해도 급물살에 순식간에 떠내려갈 수 있으니 잘 살피고 조심해야 해요. 그리고 모래사장보다는 고운 자갈밭 해안이 더 나았어요. 자갈밭 해안이 나중에 물로 씻어 낼 때 더 수월하게 씻길 수 있기 때문에 주로 그런 곳을 골라 다녔어요. 바다 수영 후에는 빠르게 민물로 몸을 닦아 냈고요. 제일 좋은 건 욕탕에 넣어서 염분을 빼내는 거죠. 수영이 끝나고 몸이 마를 때까지 두면 염분 때문에 털도 푸석해지고 피부에도 좋지 않더라고요.

리트리버들은 다이빙을 잘하는 편이에요. 특히 마누는 신이 나면 더 힘차게 점프하고 물로 뛰어들곤 했어요. 수영 자체는 관절에 좋지만 수영장에는 미끄러운 곳이 많이 있으니 관절에 유의해야 해요. 절대로 미끄러운 곳에서는 다이빙을 하지 않도록 하고, 나이가 들면 다이빙이 관절에 무리가 될 수 있으니 어릴 때부터 조심히 하도록 습관을 들이는 게 필요한 것 같아요.

마누는 어릴 적부터 도그 쇼에 나갔다. 8개월 때부터 출전했는데, 마누의 아빠견도 엄마견도 도그 쇼 출신이라 브리더분들이 권하셨다. 도그 쇼는 강아지 미인 대회 같은 거다. 대체로는 브리더들을 위한 대회이기는 하다. 마누는 두 살 때까지 가끔씩 쇼에 나갔다. 어떤 때는 내가 직접 마누와 링에서 뛰기도 했다. 쇼에 나가서 좋았던 점은 견체학적으로 바른 자세나 운동하는 방법 등을 보고 배울 수 있었다는 것이다. 한편으로는 많은 사람들과 많은 개들이 있는 환경에서 둔감화 훈련을 해 보려는 목적도 있었다.

하지만 비전문가인 내가 계속하기엔 전문 핸들러가 아니라는 한계가 있었고, 무엇보다 쇼를 뛰고 나면 마누는 하루 종일 먹은 닭가슴살 때문에 설사를 하는 등 컨디션이 무너졌다. 핸들러 삼촌과 마누의 케미는 좋았다. 마누는 대회 챔피언도 해 봤고, 전체 견종 중 2등을 하는 RBIS(Reserve Best in Show)를 수상하기도 했다. 쇼 자체는 마누와 우리에게 특별히 무언가를 남긴 경험은 아니었지만, 관리와 운동 방법 등을 배우는 계기는 됐던 것 같다.

그렇게 도그 쇼에 나가면서 내가 직접 미용을 해 보려고 했는데, 핸들러분들이 좀처럼 알려 주지 않았다. 강아지 미용실에 아이를 보내는 경우들이 많지만 우리처럼 자주 수영과 목욕을 하는 경우에는 보호자가 기본적인 방법만이라도 알고 있는 게 좋을 것 같았다. 매번 미용실에 보내기엔 비용도 만만치 않았다. 미용 학원을 가야 하나 누구에게 물어봐야 하나 갈피를 못 잡고 있을 때 선뜻 노하우를 가르쳐 준 핸들러분이 있었다. 마누의 도그 쇼 핸들러분이었는데 골든리트리버에 대한 노하우를 많이 공유해 주었다. 혼자 여기저기 물어보고 다니고 배우고 싶어 하는 모습이 보기에 좀 딱했던 모양이다. 감사하게도 그분이 목욕과 미용뿐 아니라 체력 관리 및 운동과 생활 방식에 대한 정보도 나누어 주셨고, 마누가 잘 성장하도록 아낌없이 도움을 주셨다.

    브리더, 핸들러분들도 쇼 도그의 관리 방법과 노하우를 멀리 외국까지 나가서 배우거나 발품을 팔아 어렵게 익힌다. 당연히 쉽게 내어 줄 수 있는 기술은 아니었다. 그래서 더욱 감사한 마음으로 성실히 배웠다. 드라이 방법과 가위질…… 배움의 길은 멀고도 길었고 이것저것 익힐 것이 많았다. 그렇게 한 땀 한 땀 어렵게 배운 노하우이니 여기서 조금이나마 함께 나누자.

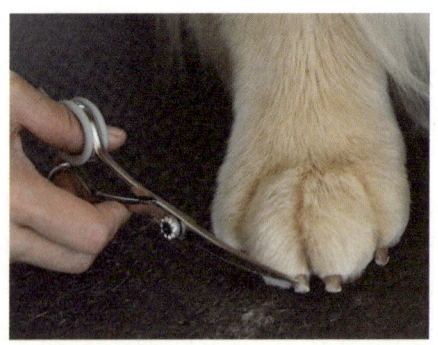

핸들러분은 목욕과 미용의 첫걸음은 견체를 이해하는 데 있다며 강아지 견체도를 보내왔다. 하지만 그림을 들여다봐도 그게 뭔지 모르겠고……. 물론 모든 아이들이 표준형의 견체를 가지고 있진 않다. 다만 스탠더드한 견체의 이미지를 기준으로 그와 다른 부분을 커버하면서 미용을 해야 하니 잘 익혀 두라는 것이었다. 사람의 경우에도 미용 기술을 익힐 때 표준적인 모형을 가지고 연습하지만 막상 실전에선 저마다 다른 두상들을 잘 파악하고 그에 맞춰 미용을 해야 하는 것과 일맥상통하는 것 같았다. 견체학이라…… 골든리트리버 장모 아이들은 목욕법 공부의 기초부터 꽤 심오했다.

미용의 시작은 목욕! 미온수로 시작하여 마지막은 찬물로 마무리한다. 샴푸는 물과 1 대 10 정도로 희석하여 사용하고 웬만하면 거품기로 거품을 단단하게 만들어 피부에 올린다. 피부에 직접 샴푸가 닿지 않게 하는 게 요령인데, 그러려면 피부가 충분히 젖어 있어야 한다. 샴푸는 골고루 등과 몸통, 배, 엉덩이, 꼬리, 다리, 앞가슴, 얼굴 쪽 순으로 한다. 얼굴은 마지막에 샴푸칠 하고 눈에 비누가 들어가면 아프니 재빨리 헹구어 냈다. 나는 목욕할 때 사람이 쓰는 일회용 점안액을 준비해서 넣어 주기도 했다. 샴푸 후엔 5분 이상 방치한다.

그사이 가끔 항문낭을 짜 주었다. 항문낭도 짜는 게 좋다 안 좋다 의견들이 나뉘는데, 마누는 어릴 적부터 짜 주어 불편해하지 않았다. 항문낭 짜기는 타이밍이다. 꼬리를 최대한 바

짝 들고 아이가 숨을 내쉴 때 항문낭이 부풀면 엄지와 검지로 항문 아래 항문낭을 브이 자로 위로 올리며 쭈욱 짜 낸다. 글로 설명하려니 그 요령을 전달하기가 쉽지 않은데, 듣기로는 때론 수의사분들도 항문낭을 짜는 걸 어려워한다고 했다. 설명을 숙지하고 적절한 감각을 익히는 게 관건인 것 같다.

그런 다음 꼼꼼히 거품과 오염물을 잘 문질러 닦아 내며 물로 헹군다. 마지막엔 트리트먼트 몇 방울을 물과 희석하여 장식 털 부분, 그러니까 앞가슴, 엉덩이, 꼬리, 다리 뒤에 달린 장식 털에만 조물조물 바른다. 잠깐 그대로 두고 그사이 귀 청소를 한다. 수영을 하면 귀에 물이 들어갈 때가 많아서 이어 클리너를 넣고 귀를 접어 1분 정도 쭈덕쭈덕 문지른 다음 깨끗한 마른 솜으로 잘 닦아 주면 된다. 마누는 수영을 자주 해서 귀에 곰팡이가 생기곤 했다. 그래서 귀를 신경 써서 바짝 말려줘야 했다. 이제 깨끗이 헹구고 차가운 물로 마사지하듯 피부를 헹구면 끝. 목욕하는 사이사이 아이가 몸을 털면 아이도 나도 다 젖는다. 어쩔 수 없지만 털려고 할 때 머리를 꽉 잡으면 터는 행동을 잠깐은 자제시킬 수 있다. 목욕은 이렇게 끝.

이젠 제대로 큰 산인 말리고 다듬는 미용이 시작된다. 나는 전문가도 아니고 앞서 말했듯 처음 직접 목욕시킬 때 아기 털을 제대로 못 말려서 결국 저절로 마를 때까지 기다렸다. 목욕이든 미용이든 뭐든 하려고 들면 열혈인 나의 성격 탓에 우리 마누가

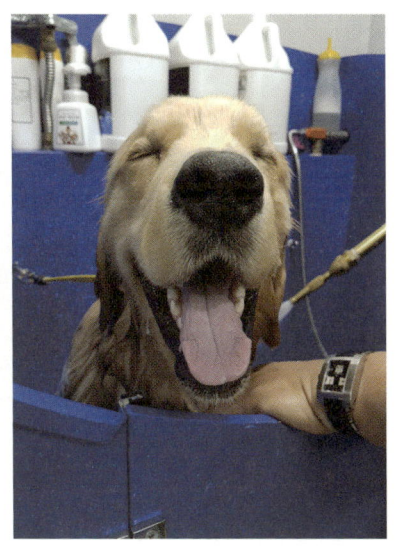 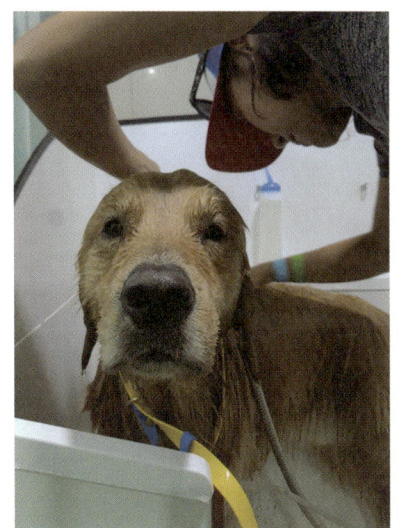

피곤한 적도 있었을 것 같다. 엄마에게 적응해 준 거지? 고마운 마누. 그래도 시간이 쌓이면서 손도 빨라지고 능숙해졌다. 털을 잘 말리려면 대형견의 경우엔 사람이 사용하는 헤어드라이어로는 어림도 없다. 시간도 오래 걸리고 애도 나도 힘들고, 언제 마르나 하세월이다. 이럴 때 필요한 건 장비. 에어블로어를 사용하자! 요즘은 가격도 적당하고 좋은 제품들이 많지만 따뜻한 바람이 나오는 블로어가 사용하기 편하다. 특히 겨울에는 미지근한 바람으론 털이 잘 마르지 않기 때문이다.

우선 수건으로 물기를 제거한 후 블로어로 물기를 빠르게 날린다. 이때 바람의 방향을 주의해야 하는데 블로어 헤드를 막 흔들지 말고 천천히 등부터 결대로 말린다. 역방향으로 했다가 다시 순방향으로 말리는 방법이 볼륨을 살리는 데는 효과적이지만 초보라면 결대로 말리는 것부터 연습하는 게 좋다. 순서는 등, 옆구리를 포함한 몸통, 엉덩이, 꼬리, 다리, 앞가슴, 머리 순서로 말리고 다시 등부터 시작해 또다시 한 바퀴를 말리고……. 하지만 순서를 잘 지키는 것보다는 은근과 끈기로 꼼꼼히 말려 나가는 게 더 중요하다. 아이가 힘들어할 수 있으므로 손은 빠를수록 좋다.

미용할 때 쓰는 전용 테이블도 있는데, 테이블 매너는 초기에 빨리 익히도록 하는 것이 좋다. 우리는 일찌감치 마우가 다 자라도 쓸 수 있는 대형 사이즈로 테이블을 구매했다. 미용 테이블은 사각의 테이블 위에 암(arm)이라고 부르는 축이 달려 있고, 짧은 리시(leash)를 목에 걸도록 되어 있다. 처음엔 온몸을 뒤틀고 오래 서 있지 못했고, 아가 시절에는 손발톱 깎을 때도 난리를 피웠다. 그래도 계속하다 보니 마우도 서서히 적응해 갔다. 나중엔 목욕이 끝나면 스스로 먼저 올라서고 테이블에서 졸고 나른해할 정도로 편안해했다.

어느 정도 마르면 이젠 빗질해 준다. 브러시, 슬리커 등을 이용해서 엉킨 털도 풀어 주고 속털도 고르게 정리한다. 과정 중에는 드라이하는 시간이 가장 오래 걸린다. 한 살이 지나고

부터는 목욕 포함해서 다 마치는 데 한 시간 반 이상은 족히 걸렸다. 털이 많은 겨울은 그보다도 시간이 더 걸렸다. 나는 매번 털 관리에 심혈을 기울였는데, 왜 그렇게까지 정성을 들이냐고 물으신다면…… 뿌듯해서다. 정성 없이 훌륭한 모양과 모질은 없으니까! 마누가 그렇게 예쁘게 관리되고 있는 모습이 눈에 들어오면 왠지 내게도 평안과 뿌듯함이 찾아왔다.

털 이야기를 안 할 수가 없다. 골든이든 래브라도든 리트리버들은 털이 많이 빠진다고 알려져 있다. 그렇다! 무지 많이 빠진다. 사계절 내내 빠지긴 하지만, 털갈이 시기엔 훨씬 더 많이 빠진다. 털갈이 시기는 아이들마다 조금씩 다른 것 같다. 마누가 처음 집에 오고 가장 적응이 안 됐던 게 털 빠짐이었다. 어느 정도 예상을 했었고, 빡세게 청소할 각오도 되어 있었다. 하지만 많이 빠질 땐…… 미소를 지으면서도 절로 절레절레하게 됐다.

골든은 장모이고 속털과 겉털의 이중모다. 첫 1, 2년 동안 털은 완전히 다 바뀐다. 모질과 모색도 성견이 되기까지 수차례 바뀐다. 완전히 성견이 되면 뻣뻣한 겉털은 잘 빠지지 않는다. 계절에 따라 환경에 따라 주로 속털이 요란하게 빠졌다 났다 하면서 체온을 유지하는 역할을 한다. 그래서 야외 견사에서 생활하는 아이들은 모량이 실내견에 비해 많을 수밖에 없다. 환경에 적응한 결과다.

마누가 어릴 때는 집에서 청소기를 한 번 돌리는 것만으로는 털 문제가 해결이 안 됐다. 하루에 두 번 이상 청소기를 돌리고, 작은 청소기와 로봇 청소기를 수시로 돌려 댔다. 돌돌이를 손 닿는 곳 여기저기에 배치해서 떨어진 털들을 제거했다. 예쁘다고 한번 안고 나면 코튼이나 니트 소재 옷들은 금세 털이 묻어나서 돌돌이를 바로 갖다 대야 했다. 이후 우리는 털이 잘 붙지 않는 소재의 옷들만 구입하게 됐다. 그 정도가 끝이 아니다. 가끔은 밥 먹을 때도 털이 나오고 세탁한 속옷에서도(!) 털이 등장한다. 그렇지만 이것도 시간이 지나니 그러려니 하고 치우게 됐다. 음식에 들어간 털도 빼고 먹으면서 그러려니……. 하루에 한 번은 냄새 때문에라도 켄넬도 스팀 청소하고 알코올 소독 해 주었다.

성견이 돼 가면서 점점 요령을 터득했다. 털이 덜 빠지게 하는 방법들! 실제로 골든리트리버 견사에서 일하시는 분들도 쓰는 방법들이다. 이후 눈에 띄게 털 빠지는 양이 줄었다. 이런 것에도 요령이 있을 줄이야. 진작 좀 알았으면 좋았을 텐데. 그래서 집에서 털 빠짐을 적게 하려면? 힌트! 수영과 연관이 있다. 답은 'Q & A'에 정리해 두었다.

Q & A

리트리버들은 털이 많이 빠지지 않나요? 어떻게 관리하죠?

집 안에 돌아다니는 리트리버의 털은…… 그저 운명이자 숙명. 일단 그렇게 알고 받아들이는 것이 기본 자세! 위생과 청결은 가족 모두에게 좋으니 자주 청소하는 것이 무엇보다 첫 번째 해결책이에요. 하지만 조금의 팁이 있다면, 리트리버의 경우 털갈이가 시작되면 수영을 좀 더 자주 시키는 것도 도움이 돼요. 물에 불려서 빠질 털을 미리 빠지도록 하는 거죠. 죽은 털 제거용 빗으로도 그런 털들은 제거가 쉽지 않다 해요. 가끔 죽은 털 제거 빗으로 계속 빗질해서 털을 제거하는 경우도 있던데, 피부도 상하고 속털을 필요 이상 제거하면 나중에 풍성한 모량을 가지지 못할 수도 있으니, 차라리 브러시로 빗질을 해 주는 게 낫다고 해요. 털이 잘 빠지도록 유도하려면 시간을 들여 모공을 열고 피부를 불려 주어야 하는데 그런 의미에서 수영이 제일 효과적인 방법이더라고요. 브리더분들은 털갈이 시기에 목욕을 잘 시켜 미리 털을 제거하기도 한다고 해요. 그렇게 해 두면 조금 덜 빠진다고.

옷을 입히는 방법도 있어요. 얇은 옷을 입혀 털갈이 시기에 털을 덜 날리게 한다는 것인데, 문제는 입히고 벗길 때, 특히 겨울이면 정전기가 많이 나요. 정전기가 모질에도 건강에도 정말 좋지 않거든요. 옷을 입힌다면 꼭 털 영양제 등을 뿌려 정전기를 방지하는 것이 필수!

그럼에도 곳곳엔 돌돌이를 배치해 두어야 해요. 저희 집은 방마다 손이 닿는 곳이면 어디든 돌돌이가 있었어요. 골든리트리버들은 장모이기 때문에 긴 털이 뭉쳐지곤 해요. 날리진 않고 바닥에 가라앉는데 보통은 가구 뒤편에 잘 모여 있더라고요. 저희 집은 매일 두 번씩은 청소기를 돌렸고 로봇 청소기도 아주 열일을 했죠.

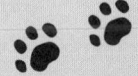

마누가 한 살이 다 돼 갈 무렵 한 방송사에서 강아지를 동반한 미국 여행 프로그램을 제안해 왔다. 세 가족이 미국 동부와 서부로 나뉘어 강아지와 함께 여행을 떠나는 기획이었는데, 우리 가족은 포틀랜드와 시애틀로 간다고 했다. 미국에서 대형견이 가장 살기 좋은 곳이라는 포틀랜드. 마누와의 여행이라니 흔쾌히 수락하고 여행 준비를 시작했다. 남편도 매니저 역할로 동반하기로 했으니 신나는 경험이 될 것 같았다. 한 살 생일이 코앞이었으니, 첫 생일은 미국에서 맞게 될 예정이었다.

외국 여행이 처음이라 준비할 것들이 많았다. 국가별로 필요한 예방 접종과 증명 서류들이 있는데, 미국은 광견병 예방

접종과 한국으로 귀국할 때 항체 검사 서류가 필요했다. 한 살 생일 이후로는 매해 건강 검진을 하기로 한 우리는 마누를 병원에 데리고 가서 피 검사와 각종 신체검사들을 하고, 접종 증명서들을 준비했다. 공항 동물 검역소에 미리 방문해 서류를 제출하고 임상 검사도 받아 놓았다. 문제는 열 시간 정도 비행기에서 혼자 켄넬 안에 있어야 한다는 것이었다. 걱정이 됐다. 켄넬 훈련도 되어 있고 혼자서도 잘 있는 아이지만, 비행기 안 환경이 어떨지 알 수 없으니 걱정이었다.

켄넬은 화물칸에 싣게 된다. 동물 전용칸이 있다고는 하지만 온도는 어떤지 조명은 켜져 있는지 많은 것들이 궁금했다. 하지만 항공사에서 딱히 명확하게 대답을 해 주지 않아 답답하기만 했다. 지금은 애견 동반 여행이 그때에 비해 조금씩 개선된 것 같지만, 당시엔 불안한 마음을 가지고 비행기에 탑승할 수밖에 없었다. 뒤늦게나마 이제는 우리나라 공항에도 펫존이 생기고, 아이들이 항공기 탑승 전 배변할 수 있는 공간들이 하나둘 만들어지고 있다. 그래도 애견 인구가 1500만 명에 가까워지는 것에 비해 아이들과 함께 편히 여행하기엔 여전히 제약이 너무나 많다.

열 시간이 넘게 흘렀다. 비행기가 착륙하고도 한참이 지나서 항공기 문이 열렸다. 시애틀 공항에 도착하자마자 마누가 걱정되어 미친 듯이 뛰어 수속을 밟았다. 카메라를 든 촬영 팀도 같이 뛰었다. 마누의 상태와 배변이 걱정되어, 빨리 켄넬에서

꺼내 주고 싶었다. 출발하기 하루 전부터 우리는 식사량을 줄이고 공복을 유지한 채 탑승시켰지만, 그래도 켄넬에서 쉬야도 참아야 했고 엄마 아빠도 없이 무서웠을 것 같았다. 그물로 싸인 켄넬이 나왔는데 빨리 풀어 달라고 보안 요원분들에게 요청했다. 겨우 그물을 걷어 내고 드디어 마누가 나왔다. 걱정했던 것보다는 컨디션이 괜찮아 보였다. 꼬리도 신나게 치고 반가워해 주었다. 웰컴 마누! 피켓과 함께 현지 팀이 반겨 주었다. 다행히 첫 장거리 비행을 잘 마쳤다. 얼른 시애틀 공항의 펫존으로 마누를 데리고 냅다 뛰어갔다. 배변도 하고 물도 마시고 맘마도 호다닥 먹였다. 그제야 숨을 돌리고 나니…… 여긴 미국 시애틀! 야호!!! 도착했다!

우리는 차로 세 시간 반 정도 떨어진 포틀랜드로 향했다. 남편이 운전을 하고 나는 마누와 뒤에서 꽁냥꽁냥하면서 씩씩하게 잘 와 주어 고맙다고 칭찬도 하고 거리 구경도 하면서 갔다. 도착한 곳은 작은 마당이 딸린 에어비앤비 숙소였는데 이런 곳에서 마누랑 사는 것도 좋겠다는 생각이 드는 예쁜 집이었다. 촬영 팀과 함께하는 여행이니 아무래도 제약이 있었지만 미국에서 대형견과 함께하는 여행과 문화는 어떤지 생생하게 체험해 보고 싶었다. 그곳에서 제일 기억에 남는 인사는 *"You are so lucky!"* 한 분이 마누를 보고는 우리에게 건넨 첫인사였다. '너희는 이런 강아지를 만나서 너무 좋겠다, 행운이네'라는 의미였다. 그렇다, 우린 마누를 만나서 너무나 러키다. 그야말로 행운 아닌지, 마누 덕에 포틀랜드도 와 보고.

다음 날 우리 팀은 포틀랜드에서 조금 떨어진 멋진 해변으로 갔다. 그곳에선 매년 강아지들과 함께하는 축제가 열렸다. 우리도 참가해 보기로 했는데 종목들이 너무 재밌었다. 못생겼지만 귀여운 강아지 대회, 제일 예쁜 강아지 대회. 악수를 잘하는 강아지 대회, 제일 큰 강아지 대회 등등. 포틀랜드엔 사람들과 아이들이 서로 어울려 즐기기 위한 문화적 축제가 많다고 한다. 저마다 귀한 아이들과 해변에서 시간을 갖고, 다 같이 즐기는 모습만으로도 너무 아름다운 장면이었다.

그들이 강아지를 대하는 태도를 보고 감동을 받기도 했다. 정중했고 예의 있었다. 먼저 인사해도 괜찮냐고 묻고, 동의하면 얼른 아이와 눈높이를 맞췄다. 덥석 만지지 않고 이름을 물어본 후 이름으로 부르고 기다렸다. 아이가 다가가면 그때 손을 내밀어 냄새를 맡게 했고, 아이가 좋아하면 살짝 터치를 했지만 대부분 그 정도에서 그치고 인사하게 해 줘 고맙다는 말을 남겼다. 그런 태도를 보고 많은 생각이 들었다. 강아지 입장을 배려하는 사람의 예의와 존중이 새롭게 다가왔다. 개는 우리와 다른 존재다. 주로 가족들과만 익숙하니 친구들을 만나는 것도 다

른 사람을 만나는 것도 어색함이 앞설 것이다. 그래서 아이들에 게 다가갈 때는 사람도 강아지도 천천히 조심스럽게 해야 한다.

포틀랜드 촬영은 현지 트레이너가 동행했다. 미국인 여자 분이셨는데, 대형견에 익숙한 그녀는 처음 골든리트리버를 키 우는 엄마 아빠인 우리에게 미국에서는 어떻게 강아지를 키우 는지 다양한 이야기를 들려주곤 했다. 하루는 유명하다고 하는 오프리시 파크에 공놀이를 하러 촬영 팀과 함께 갔다. 목줄(리 시) 없이 자유롭게 아이들과 놀 수 있는 자연 공원이었다. 넓디 넓은 잔디밭과 평화로운 분위기가 마치 그림 같았다. 마누도 그 림처럼 뛰어놀았다. 공놀이를 제일 좋아하는 아이다. 던지면 가져 오고 또 던지면 물어 오는 무한 반복의 세계! 콜 훈련은 정말 제 대로 했다. 목줄을 풀면 놀이를 하는 줄 알고 주변에 시선도 안 준다. 공에 초집중! 30, 40분 정도 놀았을까. 사고가 발생했다.

제작진은 현지에 사는 대형견을 키우는 부부를 만나 우리 와 이런저런 이야기를 나누는 모습을 담고 싶다며 사전에 한국 인과 미국인 부부를 섭외했다. 그들은 세 살짜리 도베르만 남자 아이와 함께 공원에 왔는데 마누보다 고도 높고 덩치도 한참 큰 아이였다. 우리가 그 부부와 인사를 나누고 있는 사이 마누는 한참 공놀이한 뒤라 지쳐서 엎드려 있었다. 마침 마누가 인사 를 하려고 일어나는 순간 도베르만이 다가와 마누를 공격했다. 마누도 방어를 하듯 주먹을 휘둘렀고, 둘이 엉켰다. 와와왕!!!

정말 눈 깜짝할 사이, 10초도 되지 않았다. 주변엔 우리와 트레이너, 촬영 팀이 가까이 있었다. 스태프들이 달려왔다. 그쪽 보호자는 얼른 아이를 제지하고 목줄을 채웠다. 마누도 다른 곳으로 옮겼다. 진정시키며 살펴보니, 도베르만 이마 쪽에 살갗이 패었다. 아까 휘두른 마누의 손에 긁힌 것 같았다. 마누는…… 낑낑, 어디가 아픈지 몰라 여기저기 살펴보니 갑자기 가슴 쪽에서 피가 떨어지는 것이 눈에 들어왔다. 다행히 부상은 심하지 않았지만 펀칭(치아로 뚫린 상처)이 세 군데나 됐다. 우리는 촬영을 종료하고 병원으로 가 치료를 받았다.

속상하고 화가 났다. 아이의 성향을 미리 알지 못한 채 무조건 만남을 주선한 것이 문제였다. 병원에선 소독하고 특별한 조치 없이 진통제 처방만 받고 귀가했다. 큰 상처가 아니어서 다행이었다. 큰 아이들끼리의 싸움은 피해가 커질 수도 있으므로 미리 피할 수 있다면 피하여 사고를 예방해야 한다. 지나서 생각해 보니 전조가 있었다. 도베르만은 마누가 자기 가족에게 가까이 가는 것이 싫었던 것 같다. 처음부터 경계 태세였는데 우리가 눈치채지 못했던 것이다. 이렇듯 내 아이뿐 아니라 상대 강아지의 시그널도 잘 살펴보아야 한다.

우리는 시애틀로 다시 돌아왔다. 마누와 함께 경비행기로 도심을 둘러보기도 했고, 애니멀 테라피 클래스에 참가해 릴렉스 마사지도 배우는 등 준비된 프로그램들을 잘 마쳤다. 다행히 마누의 상처는 잘 아물고 있었고, 어느새 한 살 생일날이 다가왔다. 우리는 돌잔치에 쓰일 강아지 케이크를 굽기로 했다. 시판용 도그 케이크를 반죽해서 오븐에 구웠고, 마누가 좋아할 간식들도 샀다. 돌잡이도 당연히 준비했다. 이날을 위해 제작진분들이 한복도 준비해 주셨다. 도련님이 따로 없다. 예쁘게 옷을 입히고 생일 축하 노래를 불러 줬다. 아휴, 강아지 한 살이 뭐라고…….

우리 삶에 쑥 들어온 이 아이와 좌충우돌 지내며 교육하고 훈육하고 사랑을 키워 갔던 시간들이 주마등처럼 스쳤다. 잘 커 준 우리 마누가 한없이 사랑스럽고 고마웠다. 주책맞게 나 혼자 울컥해서 노래도 다 못 불렀다. 돌잡이는…… 보나 마나였지만 간식으로 돌진 또 돌진이었다. 이날은 간식 부케(뼈 간식, 연어 껍질 등을 꽃다발처럼 엮었다)를 아구아구 먹은 날이다. 정성 들여 구운 호박 케이크는 퉤퉤 뱉어 버렸다. 그럴 줄 알았다. 맛없게 생겼더라.ㅠㅠ

시애틀에서는 미국 강아지 유치원을 체험해 보기로 했다. 대형견들 유치원은 그 당시 한국에선 드물었다. 그곳 강아지 유치원에는 프로그램과 옵션이 많았다. 산책, 피트니스, 자율 운동, 각종 놀이들을 선택할 수 있었고, 프로그램에 따라 학습하고 운동하고 쉬다가 보호자가 오면 귀가하는 시스템이었다. 마누가 유치원을 체험하는 동안 우리 부부는 주변 관광지를 둘러보기로 했다. 마누의 상황은 유치원에서 전송해 주는 사진으로 자주 확인했다. 마누는 도그 피트니스도 놀이도 잘하며 시간을 보내고 있었다. 그때도 부럽다는 생각이 들었지만 지금도 좋은 프로그램을 갖춘 유치원들이 한국에도 더 늘었으면 하는 바람이다. 일하거나 집을 비워야 하는 시간에 아이들도 교육을 받고 즐길 수 있는 전문 시설들이 필요하기 때문이다. 특히 대형견들이 갈 곳은 여전히 그리 많지 않다.

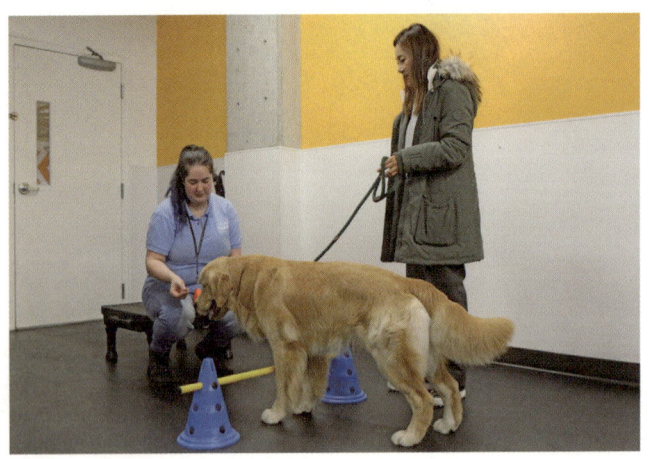

미국에서 남은 시간을 잘 보내고 우리는 무사히 귀국했다. 오는 길엔 마누가 켄넬에 들어가기 싫어해서 실랑이하며 애를 먹었다. 역시 장시간 비행은 쉽지 않았다. 미국 여행은 한 살을 기념하는 귀한 추억이 되었다. 많이 배우고 멋진 사진들도 많이 남겼다. 마누에게 내밀어 준 귀한 손길들에 감사한 마음이 가득 남은 시간들이었다.

집으로 돌아온 후 얼마 있다가 촬영한 프로그램이 방영되었는데, 그렇게 마누와의 추억이 담긴 여행 영상을 남긴 것이 아직도 좋다. 가끔 그때의 마누를 보고 있으면 너무 행복해진다. 그때 우리 가족은 끊임없이 서로에 대한 기대와 사랑을 차곡차곡 쌓아 가고 있었다. 그러니 우리는 정말 쏘 러키했던 것 아닌지~!

MANU STORY

CHAPTER 02

청춘 여행!

미국 여행을 계기로 우리에겐 또 다른 삶이 시작됐다.
그 후로 우리 가족은 틈나는 대로 여행을 떠났다.
여행의 추억과 그곳에서 만난 인연들,
그리고 무럭무럭 성장하는 우리 마누.

가장 혈기왕성한 시기, 늘 빛나던 마누의 청춘 이야기 시작!

01

02

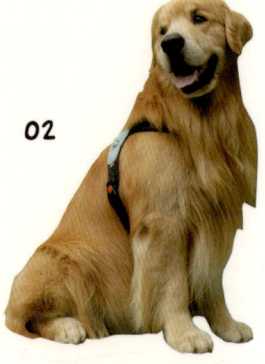

03

04

05

바야흐로 마누의 청춘이 시작되었다.

3, 4개월 무렵을 '원숭이 시절'이라고도 하는데, 얼굴부터 털갈이가 시작되면서 원숭이 얼굴처럼 돼서 그렇게 부른다. 태어날 때부터 있던 솜털 같던 털은 이 '원숭이 시절'을 거쳐 8, 9개월에서 1년 무렵에 이르면 새 털로 홀딱 갈아입게 된다. 마누도 유난히 하얗던 모색이 골든리트리버라는 이름에 걸맞게 점점 황금색으로 바뀌고 있었다. 그런데 희한하게도 털갈이 시기엔 식욕이 더 왕성해지는 듯했다. 리트리버들은 보통 세 살까지는 신체적 성장이 계속된다고들 한다. 키가 자라고 뼈대가 형성되는 건 한 살 전후면 완성되지만, 근육과 체형은 세 살 즈음까지 계속 변모한다. 나는 늦가을부터는 겨울을 나기 위해 영양을 충분히 공급할 수 있는 식단을 준비하기 시작했다. 마누는 식탐이 다른 친구들에 비해서 큰 편은 아니었다. 그래서 한 살 이후 훈련을 할 땐 보상으로 간식보다 좋아하는 공으로 놀아 주는 게 더 효과적일 정도였다.

마누가 오기 전부터 나는 러닝을 꾸준히 해 왔다. 남산 근처에 살던 시절, 영화 촬영을 하면서 모 선배님의 권유로 러닝을 시작하게 되었다. 내심 러닝으로 다져진 그 선배님의 체형이 몹시 부럽던 참이었다. 처음에는 쉽지 않았지만 1년여간 남산을 다니며 조금씩 거리를 늘려 10킬로미터 정도는 거의 매일 뛸 수 있게

되었다. 하지만 마누가 집에 온 후로는 마누와 야외 활동은 많이 했지만 온전히 뛸 수 있는 날은 줄었다. 그러다 함께 러닝을 시작한 건 한 살이 되고도 한참 지난 후였다. 그즈음에는 마누도 뼈가 점점 튼튼해지고 근육도 고르게 생겨나 러닝을 함께할 만한 여건이 되어 있었다. 그렇게 러닝 콤비가 된 우리 둘은 꽤나 빠르게 호흡을 맞춰 나갔다. 마누는 혼자 뛸 때와 나와 함께 뛸 때의 스텝이 달라져야 한다는 점을 영민하게 깨달았다. 뛸 때도 너무 빠르지도 느리지도 않게 싱글 스텝을 곧잘 유지했다.

싱글 스텝은 강아지의 앞다리 하나와 뒷다리 하나가 가운데서 정확하게 만나면서 뛰는 것을 말한다. 그렇게 하면 앞다리를 뻗는 만큼 뒷다리도 같은 간격으로 뒤로 뻗을 수 있기 때문에 근육이 고르게 발달하는 데 도움이 되고, 등의 톱 라인도 거의 수평이 되도록 근육이 잡힌다.

우리 마누는 그야말로 에너지가 넘치는 아이였다. 호기심도 많고 자기주장도 강하며 힘도 셌다. 그런 아이에게 러닝은 차분하게 오래 뛰면서 체중도 관리하고 흥분도도 낮출 수 있는 좋은 방편이었다. 물론 나 역시 오랜만에 러너로 복귀할 수 있어서 좋았다.

마누는 활동적인 아이였지만 리트리버 중에는 급작스럽게 살이 찌거나 움직이기 싫어하는 아이들도 더러 있다. 그러면 다리에 문제가 생기는 경우도 있어서, 보호자가 주의 깊게 살피며 건강에 문제가 생기기 전에 체중 관리를 해 주는 것이 좋다.

우리는 리시(목줄)도 정말 다종다양하게 갖추고 있었는데, 한 살까지는 머리를 잘 컨트롤하는 데 적합한 올인원 목줄을 썼다. 잘 당기고 아직 훈련이 안 된 아이들에게 입문용으로 좋은 목줄이다. 러닝을 할 때는 탄성이 좋은 짧은 목줄과 하네스를 했다. 하네스에는 돌발 행동에 대비해서 손잡이를 하나 더 달고 연결 줄을 내 허리에 바짝 붙여 착용했다.

우리 동네에는 생태 공원 둘레길이 길게 뻗어 있었다. 처음엔 2킬로미터 달리기로 시작해 조금씩 늘려 가면서 나중엔 5~7킬로미터까지 뛰곤 했다. 더운 여름에는 뛰지 못하고 수영장에서 더위를 식히며 놀았지만, 선선해지는 가을부터 다음 해 봄까지는 일주일에 두세 번은 항상 함께 러닝을 했다. 서로에게 최고의 러닝 메이트였던 우리! 나는 마누랑 함께 뛸 때가 가장 행복했다.

한 살이 된 후로 마누는 정말 열심히 산책하고 뛰었다. 아직 뼈대가 형성 중인 한 살 이전엔 부상의 위험도 크고 흥분도도 높기 때문에 많이 뛰거나 격한 운동을 하려면 한 살은 지나야 하는 것 같다. 그때까지도 마누는 여전히 마른 체형이어서 양질의 단백질을 충분히 섭취하면서 유산소 운동과 근력 운동

을 번갈아 했다. 산책은 하루에 한두 시간은 기본이었고, 운동 시간은 또 따로 있었다. 운동은 주로 낮은 동산에 오르는 등산과 공놀이였고, 인적이 드문 우리만의 비밀 장소를 찾아다니며 20, 30분씩 운동했다. 물을 충분히 마셔 가며 혀를 밖으로 빼고 춤을 출 때까지 신나게 놀게 했다. 야외 배변을 하는 아이라서 산책도 시간을 정해 자주 나가는 편이었다. 비가 오나 눈이 오나, 어떤 상황에서도 우리는 날씨를 실시간 체크하며 산책을 나갔다.

야외 활동을 하고 집에 오면 우선 발을 잘 닦고(다 닦을 때까지 언제나 잘 기다려 주던 기특한 마누!) 주방 옆에 둔 마누 테이블에서 신선한 물을 충분히 먹도록 했다. 마누는 물을 잘 마시는 편이었다. 수분 섭취를 잘 안 하는 리트리버 아이들은 그냥 물은 잘 안 마셔서 보호자들이 채소나 고기를 넣고 끓인 물을 산책할 때 급여하시기도 한다고 들었다. 물 섭취가 부족해서 신장에 문제가 생기는 아이들도 많으니 어떤 방식이든 수분을 잘 보충해 주는 것은 참 중요한 것 같다.

두 살이 다 되어 갈 무렵부터 마누는 생식을 시작했다. 처음엔 뭘 어떻게 해야 하는지 몰라 책과 인터넷을 뒤졌다. 외국의 경우에는 생식을 하는 아이들이 많았는데 똑같이 따라 하려니 구할 수 있는 식자재도 달랐고, 기생충이나 신선도의 문제도 있어서 매번 그때그때 장을 봐야 하는 번거로움이 있었다. 게다가 영양을 고려해 양과 종류를 조절하는 것도 쉽지 않아서 여간 복잡한 문제가 아니었다. 휴, 어쩌지…… 그냥 건식 사료를 고수해야 하나 고민이 되었다.

일단은 마누가 생식을 먹어야 말이지. 시험 삼아 무항생제 생닭을 잘 씻고 작게 토막 내 그릇에 몇 점 줘 보았다. 물컹거리는 식감 때문인지 혀로 날름 맛보고는 뒷걸음친다. 이번엔 하나씩 손으로 줘 봤다. 그렇게 하니 홀랑홀랑 잘도 받아먹는다. 뼈도 아드득아드득 쉽게 잘 씹어 넘겼다. 생식을 좋아하는 모양이네, 싶었다. 마누는 다행히 닭고기에 알레르기가 없어서 기존 사료를 점차 줄이고 조금씩 생식을 늘려 가며 급여하기 시작했다. 영양 보충을 위해 오메가 오일과 프로바이오틱스 유산균에 켈프와 비타민이 들어간 항산화 영양제를 같이 넣었다. 채소는 아침에 우리 부부가 먹는 찐 채소들을 따로 덜어 먹기 좋게 다져서 조금씩 함께 주었다.

건사료 중에도 좋은 사료들이 참 많다. 그런데 한 포를 뜯어서 오래 보관하면 식감도 떨어지고 곰팡이도 우려됐다. 그러다 보니 다 못 먹고 버린 사료도 많았다. 오래 보관하려고 넣는

방부제나 소포제도 마음에 걸렸다. 결국 공부하며 마누의 식단을 바꿔 보기로 마음먹었다. 생식까지 지극정성으로 해 먹이는 것이 어떤 이의 눈에는 참 극성이다 싶을 수도 있지만, 내 주변의 리트리버 가족들은 아이들을 위해 더하면 더했지 덜하진 않았고, 모두들 식단이든 뭐든 정성을 다해 진심으로 키웠다. 그러니 나도 이런 이웃들을 둔 환경 탓이라고 해 두자!

생식 급여에 대한 자료를 모으고 식단을 조합하기 시작하면서 요령도 늘어 갔다. 외국의 경우를 참고하고 강아지 영양사들에게도 조언을 구해 마누에게 맞춰 재료를 배합해 갔다. 급냉동, 급해동 하는 것에도 요령이 생겼고 채소와 부산물을 같이 주기 위해 밀키트도 미리 만들어 두었다. 일주일, 길게는 2주일치를 착착 냉동실에 넣다 보니 냉동고 부족 사태가 왔고! 결국엔 마누 전용 냉동고를 구입…… 하고야 말았다.

냉동고에 신선한 생식으로 만든 밀키트들이 쌓여 있으면 곳간에 쌀이 두둑한 것처럼 마음이 풍족했다. 마누에게는 닭고기 말고도 말, 양, 토끼, 캥거루, 칠면조, 소 등의 고기를 번갈아 가며 주식으로 주었고, 뼈를 함께 넣고 갈아서 위생적으로 판매하는 곳이 마침 여러 군데 생겨서 손쉽게 맘마를 줄 수 있게 됐다. 문제는 여행 갈 때였는데, 보냉백에 마누용 맘마와 용품을 싣는 게 큰 짐이 됐다. 생식을 하면서 이래저래 간편함은 포기했다.

생식하고 제일 크게 체감한 변화는 모질이었다. 털끝까지 반짝거리고 윤이 났다. 털도 훨씬 풍성해지고 근육도 더 잘 붙었다. 생식을 위주로 하던 식사는 다섯 살이 될 무렵에 모두 화식으로 바꾸었다. 마누도 어느덧 다섯 살이니 소화하기 편한 쪽으로 맘마를 바꾸는 게 좋겠다는 전문가들의 조언도 있어서 서서히 바꾸어 나갔다. 그때쯤엔 몇 년 전에 비해 정보도 더 많아졌고, 화식을 하는 반려견 보호자들의 커뮤니티도 늘어서 그곳에서도 정보와 꿀팁을 얻을 수 있었다. 여기저기서 얻은 정보들을 열심히 조합해서 마누 입맛에 맞는 우리 집만의 맘마로 진화해 갔다.

마누가 가장 좋아한 건 영양 곰탕! 일주일에 한 번은 끓였다. 건사료 조금에 삶은 돼지고기 사태, 닭 내장이나 소간 등 부속 고기, 구운 장어 뼈, 장어 젤리, 영양 곰탕, 항산화 영양제까지…… 우리 마누가 제일 좋아하는 맘마다. 장어 젤리는 친한 동네 이웃이 장어구이 식당을 하셔서 편하게 구할 수 있었다. 그분이 장어탕을 하려고 장어를 끓이면 으깨기 전에 조금씩 덜어 놨다가 자주 선물해 주셨다. 냉장고에 굳혀 젤리로 만들어 맘마 시간에 같이 급여했다. 성견이 되고 나서는 간헐적 단식법으로 식사를 하게 했다. 아침은 주로 적게 주거나 주지 않고 하루에 한 번 맛난 한 끼를 먹도록 했다. 가끔씩 하루 정도 금식하는 날도 있었다.

우리는 분기별로 열리는 큰 강아지 박람회에 마누 어릴 때부터 자주 다녔는데 그곳에 가면 현재 아이들의 사료나 급여 방식의 트렌드를 알 수 있었다. 요즘엔 간편하게 원육을 동결 건조 한 사료들도 많아졌다. 그런 곳에서는 샘플도 먹여 볼 수 있고 다양한 간식도 사고 미용 용품이나 장난감 등도 저렴하게 득템할 수 있다. 가 보신 분들은 알겠지만 박람회(펫 쇼)에 가면 한국 사람들이 애견 문화와 용품에 관심이 이렇게 많구나 싶어서 보호자분들의 대단한 열정을 실감할 수 있다. 우리도 어깨가 아플 정도로 쇼핑을 하곤 했다. 잘 만든 수제 간식도 좋고, 여행 갈 때 요긴한 간편식이나 습식 사료도 좋은 것들이 많았다.

무엇보다 중요한 것은 건강일 것이다. 건강하려면 잘 먹고 잘 자고 잘 싸며 규칙적인 생활이 기본이다. 마누가 오면서 우리는 마누와 잠은 따로 잤지만, 자고 깨는 시간은 대략 비슷하게 변화해 갔다. 마누는 보통 9시쯤부터 졸려했다. 그럼 자면 되는데, 꼭 잠투정을, 그것도 아빠한테만 했다. 무슨 마법에 걸리는 시간인지 그때쯤만 되면 아빠한테 칭얼칭얼 졸졸 따라다니고 꼭 붙어서 끊임없이 만져 달라고 했다. 그 시간엔 내가 아무리 불러도 소용없는 온전한 아빠와의 시간이다. 아직도 왜 그랬는지 알 수 없지만 아빠가 옆에 눕히고 자라고 어루만져 줘야 잠을 잤다. 어릴 때는 안 그랬는데 언젠가부터 우리 집의 루틴이 되었다.

그 모습이 어찌나 귀엽던지. 덩치도 커다란 녀석이 소파에 앉은 아빠를 덮치고 안아 달라 징징댄다. 몸만 훌쩍 컸지 아직 몇 살 안 된 아가니까! 그렇게 잠든 마누는 덩치 큰 천사 같다. 언제나 잘 때는 세상 제일 예뻐! 쌔근쌔근 코를 골기도 하고 꿈속에서 달리기를 하는지 앞발 뒷발을 꼼지락거리며 뿡뿡 소리를 낸다. 우리 아가, 꿈을 꾸는 거니? 많이 놀아서 피곤한 날엔 잠꼬대가 심했다. 입술을 풀풀거리고 이를 드르륵 갈기도 하고…… 보고 있으면 무슨 꿈을 꿀까 참 궁금했다. 나도 촬영이 없는 평소엔 마누를 따라 일찍 잠자리에 들었다. 내일이면 또 바쁠 테니까!

어김없이 일곱 시 반이면 방문을 뻥 차고 들어오는 마누! 내가 침대에서 미동이 없으면 히웅히웅 소리를 냈다.

"일어나요, 굿 모닝이라고!!!"라고 온몸으로 외치는 것 같은 마누. 일부러 인기척을 내지 않으면 침대에 턱을 얹고 한숨을 푹 내쉬었다. 커다란 얼굴을 내 코 앞에 들이밀고. 안 일어날 수가 없었다.

아침은 엄마와의 시간! 아침 인사를 하고 마누 물부터 챙겼다. 눈꼽만 떼고 배변부터 하러 밖으로 나가는 것으로 하루의 루틴을 시작했다. 상쾌한 공기도 맡고 천천히 걸으며 워밍업을 하고, 몸이 좀 풀리면 공놀이로 가볍게 운동도 했다. 이렇게 매일 아침 산책을 했다. 강아지와 함께하는 생활은 규칙적이고 성실하며 근면해야 했다. 그것이 무한 책임의 기본이었다. 이런 건 강아지가 없을 땐 전혀 알지 못했던 삶이었다.

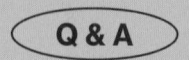

마누의 영양 곰탕 레시피를 알려 주세요!

재료: 소뼈나 오리 뼈, 황태, 돼지고기 사태나 오리고기, 각종 채소

1. 황태를 염분이 빠지도록 물에 불려 준비해 둔다.
2. 각종 채소(무, 당근, 단호박, 버섯, 감자 등)를 먹기 좋게 다져서 준비해 둔다.
3. 소뼈나 오리 뼈를 한번 우르르 데친 다음 건진다. 뼈를 데친 물은 버린다.
4. 뼈들을 찬물로 잘 씻고 커다란 냄비에 물을 부어 끓인다. 미리 불려 둔 황태도 함께 넣는다.
5. 국물이 졸아서 반 정도로 줄면 뼈는 건져 내고 물을 더 부어서 돼지고기 사태나 오리고기를 넣어 다시 푹 끓인다.
6. 고기가 다 익으면 고기들을 건져 잘게 썰거나 찢어서 다시 넣고 다진 채소들도 함께 넣어 익을 때까지 끓인다.

☞ 한꺼번에 많이 끓여서 소분해서 냉동실에 넣어 두면 편해요.
☞ 들어가는 재료들에 알레르기가 있는지 반응을 꼭 살펴봐야 해요.
☞ 아시겠지만 간을 하는 건 절대 금물!

집에서의 일상이 이렇다면 때로는 신나는 변화도 필요했다. 마누가 한 살이 되기 직전 촬영차 미국행 비행기를 타야 했을 때 비행에 익숙해질 겸 제주도에 짧게 다녀온 적이 있다. 그때의 기억이 너무 좋아서 미국에서 돌아온 후에 다시 제주에 가기로 했다. 장기간 비행이 아니니 괜찮겠지 했지만 비행기 화물칸은 썩 좋은 기억은 아니었다. 마누에게도 우리에게도.

케이지 무게 포함 45킬로그램의 제한을 두고 있는 비행기 수화물 위탁 규정은 오갈 때마다 스트레스였다. 케이지도 약 10킬로그램이 나가는 데다 아이가 다치지 않게 패드나 폭신한 것들을 깔면 무게는 금세 더 늘어난다. 마누가 두 살 정도까지는 30킬로 초반의 몸무게여서 괜찮았는데 곧 제한 무게를 초과하게 될 것 같았다. 그렇다고 비행기를 탈 때마다 몸무게를 조절하는 것도 말이 안 됐다. 도착한 뒤에는 렌터카 문제가 있었다. 강아지가 동반 탑승할 수 있는 렌터카도 잘 없었다. 어떤 경우엔 업체에 양해를 구하고 청소비를 따로 드리기도 했는데, 털 등 오염 청소에다 파손되는 경우도 있어서 추가 요금을 받는 것 같았다. 이렇게 어렵게 렌터카를 구해도 대형견용 케이지를 싣고 우리 짐까지 넣기가 어려워서 케이지는 공항에서 맡기고 출발하거나 아예 대형 SUV를 빌려야 했다.

하지만 이러한 제약을 감내해야 한다고 해도 마누와의 제주 여행은 너무나 좋았고, 다른 아이들과도 신나는 추억이 많이 생겼다. 우리 가족은 매년 제주에 가서 짧게는 일주일, 길게는 한 달 가까이 머무르며 친구들도 사귀고 비밀 장소에서 산

책과 트레킹을 즐겼다. 제주의 추억은 정말 많다. 친구들도 이모들 삼촌들도 많은 제주!

처음에 몇 번 제주를 오갈 때 고생을 하면서 우리는 우리만의 노하우를 갖게 되었다. 우리는 항공기를 이용하는 대신 배편으로 제주에 갈 계획을 세웠다. 제주로 가는 배가 출발하는 항구는 여러 곳이 있는데 인천, 목포, 완도, 여수, 진도, 부산 등에 있다. 그곳까지 차로 이동한 후 차를 선적하고 제주로 들어가는 것이다. 배편에도 각 항구마다 장단점이 있어 잘 따져 봐야 했다. 때로는 거기까지 가는 과정에서 뜻하지 않은 여행지가 생기기도 했다.

우리는 주로 완도에서 약 두 시간 반 정도 가는 큰 페리를 이용했다. 그 정도면 운항 시간도 길지 않고 큰 배여서 흔들거림도 적었다. 제일 좋은 건 마누랑 같이 탈 수 있는 펫 객실이 따로 있다는 점이었다. 함께 있으니 가는 동안 서로 불안해하지 않아도 돼서 정말 좋았다. 펫 객실은 따로 쓰는 독실도 있고 다른 아이들과 같이 있는 동반실도 있는데 미리 예약을 통해 잡을 수 있었다. 비용 면에선 다른 아이들과 같이 이용하는 방이 저렴했지만, 처음 보는 큰 아이들이 서로 잘 안 맞으면 가는 내내 긴장 상태가 되곤 해서 그건 그때그때 운에 맡길 수밖에 없다.

우리는 진도나 여수에서도 제주행 배편을 이용해 봤다. 가끔 쾌속선이 있는데 운항 시간은 한 시간 반 정도고 날씨에 따라 영향을 많이 받는다. 파도나 너울이 심할 땐 제주 도착하고

하루 이상 컨디션을 되찾느라 애를 먹을 수도 있다. 하지만 빠르게 도착한다는 장점이 있다.

완도에서는 낮에 한 번 새벽 두 시쯤에 한 번, 하루 두 번의 배편이 있었다. 우리는 새벽 배를 타기로 하고, 김포 집에서 출발해 중간중간 휴게소에서 충분히 쉬어 가며 완도 여객 터미널에 도착했다. 더러 마누 사촌들이 사는 청주 반려 유치원에 들러 신나게 뛰놀고 저녁도 먹고 쉬다가 차가 안 막히는 시간대에 완도로 출발하기도 했다.

그래도 물론 쉬운 여정은 아니었다. 작은 아이들이라면 비행기에서든 배에서든 좀 더 수월하게 이동할 수 있지만, 우리 같은 대형견 보호자들은 감수해야 하는 것들이 적지 않았다.

겨울이나 선선한 날이면 배를 타는 동안 마누를 차에 둘 때도 있었다. 워낙 차에 편하게 있기도 했고, 고단하게 놀고 나서 두 시간 반을 차에서 푹 자고 새벽에 제주를 맞는 것도 괜찮았다. 비용만 따진다면 제주를 갈 때 항공편을 이용하는 거나 배를 타는 거나 큰 차이는 없었던 것 같다. 시간이 여유롭다면 배를, 빠르게 이동하길 원하면 항공을 이용하면 된다. 여름에는 어떠한 경우에라도, 잠깐이라도 아이를 차에 혼자 두어선 안 된다. 더위도 문제지만, 공기도 빨리 탁해져서 순식간에 사고가 발생하기 때문이다. 한여름엔 제주 여행은 참는 게 상책이었다. 우리는 대형견과 간다면 여름은 제외하자는 결론을 내렸다. 그 이유는 앞으로 더 이어질 제주 여행기에서 차차 알게 될 터!

제주에서 오래 알고 지낸 지인분은 대형견도 함께 지낼 수 있는 펜션을 운영하셨는데 그 덕분에 우린 몇 년 동안 제주를 편하게 자주 갈 수 있었다. 어느 해 이른 여름, 우리는 새벽에 제주에 도착하여 지인의 펜션으로 향했다. 보통의 숙소는 체크인 시간이 오후이기 때문에 새벽 배편을 이용한다면 이 점을 생각하고 이동해야 한다. 숙소에 도착하면 짐을 정리한 후 오후 일정을 위해 잠을 청한다. 마누도 새벽 배를 타고 오면 피곤한지 오자마자 기절하곤 한다. 가족 모두 휴식이 먼저다.

차 트렁크엔 마누 짐이 가장 많다. 밀키트로 준비한 마누 맘마, 구명조끼와 장난감들 같은 물놀이 용품들, 드라이어(블로어)와 연결선까지 한짐이다. 게다가 제주에는 진드기가 정말 많다. 자연은 아름답지만 한겨울에도 습지가 있는 오름에는 커다란 진드기들이 수백 마리씩 붙어 나온다! 따라서 진드기 방지제, 옷, 샴푸 등을 준비하고 비상약까지 미리 갖춰 출발해야 했다.

이렇게 번거로운 문제들이 있지만 제주는 강아지들이 갈 수 있는 곳들도 참 많고 아름다운 곳이다. 시기마다 각양각색 꽃과 나무가 풍성하고 넓은 들판과 숲이 시원하게 펼쳐진다. 여기저기 여행을 해 봐도 제주에서만 만날 수 있는 아름다운 풍광 때문에 늘 다시 제주로 향하게 된다.

제주에 도착해 이웃에 사는 보더콜리 이호를 만났다. 이호의 보호자분은 아름답고 젊은 해녀인데 물질할 때 이호도 함께 수영을 하곤 했다. 그간의 안부를 나눴다. 이호는 몸놀림이 하도 재빠른 아이라 만나면 마누는 늘 어리둥절해했지만, 둘 다 공에 환장한 아이들이었다. 이호네는 수영과 공놀이 하기에 좋은 산책 코스도 알려 주었다. 이런 귀한 정보는 현지인이 아니면 알기도 어렵다.

하루는 아침 일찍 이호네랑 산책을 가기로 했다. 인적이 드문 오름이었는데, 유명한 관광지가 아니어서 사람들이 거의 없었다. 날씨가 덥지는 않았지만 여름으로 접어들고 있었다. 우리는 진드기 방지 스프레이와 외용 구충제를 바르고 출발했다. 넓은 들판에 온통 초록빛으로 푸르고 낮게 자란 풀들이 싱그럽게 돋아 있었다. 마누와 이호는 신나게 공놀이를 했다. 한 시간 정도 숲길을 걷고 뛰고 마음껏 놀던 두 아이들! 둘은 콜을 정말 잘 따르는 아이들이었다. 리시를 풀어 주면 보호자에게서 절대 멀리 떨어지지 않고 가까이에 머물며 보호자들이 허락하지 않는 곳은 가지 않았다. 언제든 부르면 바로 돌아오는데, 그렇게 예쁠 수가! 남편은 가져온 카메라 장비를 풀고 연신 렌즈를 바꿔 가며 아이들 사진을 찍었다. 한바탕 놀고 해가 올라오기 시작해서 우리는 더워지기 전에 숙소로 다시 돌아왔다.

여름의 제주는 청량하고 더없이 아름다운 풍경이지만, 알고 보면 진드기 천국이다! 크고 작은 진드기들이 마누 머리와 얼굴 쪽에 보이기 시작했다. 잡아도 잡아도 끝없이 하나둘씩 나오는 진드기들! 결국 애를 눕히고 본격적인 진드기 퇴치 작전을 벌이는 수밖에 없었다. 후우……심호흡부터 하자.

진드기를 잡을 땐 돌돌이 테이프가 필요하다. 잡으면 죽이지 않고 바로바로 끈끈한 테이프에 붙인다. 그랬다가 나중에 테이프를 한꺼번에 태워서 처리했다. 혹시 무는 진드기가 있을까 봐 전용 클립도 챙겨 갔다. 다행히 미리 기생충약도 먹였고 바르는 기생충약도 챙겨 가서 진드기들이 물지는 못했다. 하지만 몸에 붙어 방황하는 진드기 잔당들은 야무지게 잡아야 했다.
"감히 내 새끼한테 붙어?" 앙칼지게 마음을 다잡고 단 한 마리도 놓치지 않을 기세로 전투를 시작했다. 그해 여름 잡은 진드기만 해도 수백 마리는(!) 될 것 같다. 제주 어디서나 흔하디흔한 진드기는 처음엔 너무 징그러워 질색했지만 나중엔 보는 족족 아무렇지도 않게 쓱쓱 잡아 치웠다. 보기엔 별것 아닌 것 같아도 진드기로 인한 질환은 상당히 치명적일 수 있기에 방지와 대처를 아무리 강조해도 지나치지 않다. 제주에서 진드기로 인해 바베시아 감염증에 걸려 사망한 아이들도 여럿 있었다. 바베시아는 진드기가 매개하는 기생충으로, 주로 개의 적혈구에 기생하면서 문제를 일으킨다. 주요 증상으로는 빈혈과 혈소판 감소가 있고 이런 경우 수혈을 해야 한다고 한다. 바베시아 감염증은 완치도 어렵고 선천적 감염을 통해 자식도 앓을 수 있다. 외용 기생충약이 바베시아를 완벽하게 막을 수 있는 건 아니라고 해서 어떻게 대비할지 걱정이 이만저만이 아니었다. 우리는 제주 여행을 계획할 땐 꼭 외용, 내복 기생충약을 모두 챙겼고, 추가적으로 등에 바르는 오일형 퇴치제와 해충 방지 옷도 입혔다. 이렇게까지 하는데도 진드기 놈들은 계속 붙는다!

가을에도 진드기는 있다. 어느 해 가을엔 서늘한 바람이 불 때여서 진드기 고생은 안 하겠지 했는데, 정말 아주 작은 그러니까 티끌만 한 벌레가 마누 몸에 붙어 있는 걸 우연히 발견했다. 먼지겠거니 했는데 뭔가 움직이고 있었다! 잡아서 눈을 크게 뜨고 보니 먼지만 한 진드기였다. 그것들이 꼬리에 잔뜩 붙어 있었다. 제주도민의 말에 의하면 가을 진드기는 이렇게 작고 더 지독하다고 했다. 그날은 진드기들 잡는다고 하루 종일 죽는 줄 알았다. 마누도 나도 거의 실신할 뻔했다. 최선을 다해 잡아내고 바다에서 물놀이를 해서 털어 버린 후 진드기 퇴치용 샴푸로 목욕까지 시켰는데…… 다음 날 잔당 몇 마리가 또 기어 나왔다. 잡아도 잡아도 살아남다니. 정말이지 끈질긴 존재들이다.

이렇게 제주의 진드기는 사계절 모두 출몰한다. 따뜻한 곳에는 어디든 있다고 생각하고 대비해야 한다. 수영이나 목욕, 물놀이로는 완벽하게 떨어지지 않는다. 구충제는 미리 먹이고, 풀숲에 가까이 가게 된다면 스프레이나 각종 퇴치제를 뿌려 강아지도 사람도 보호해야 한다. 꼭, 반드시! 진드기와의 추억을 떠올리니 다시 분노가 끓어오르는 것 같다. 평소 벌레라면 질색해서 소리를 지르고 난리가 나는 우리 부부였지만, 마누에게 붙거나 마누를 공격하는 아이들은 정의의 이름으로 단호히 처단할 수밖에.

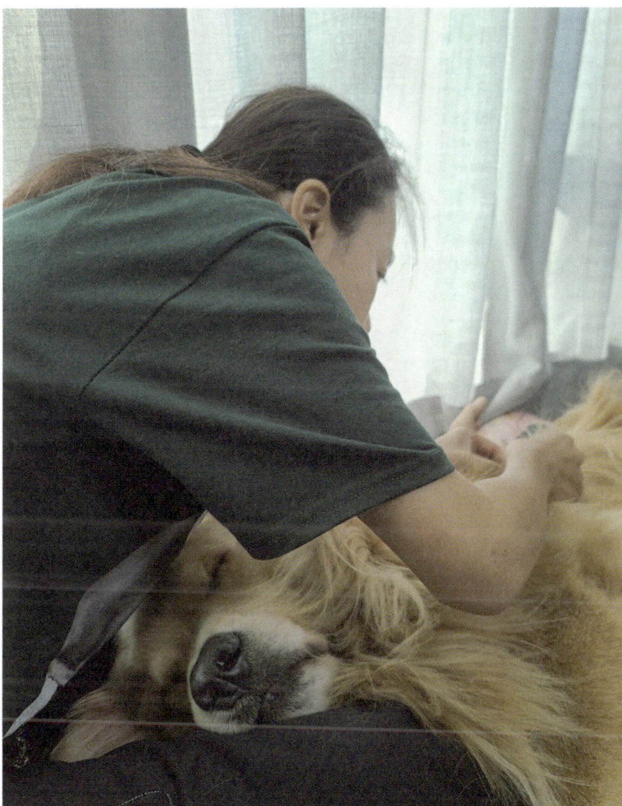

우리의 제주 이웃인 이호네 언니가 물질을 하러 가는 날이었다. 아침 일찍부터 해녀분들이 모여 바다로 들어가는 입구에서 장비 점검을 하고 계셨다. 늘 반복되는 일상이지만 이호는 옆에서 그 모습을 비장하게 바라보고 있었다. 마누는 자기도 빨리 들여보내 달라고 낑낑거리며 안달을 냈다. 해녀분들이 들어가시고 이호도 프로처럼 입수했다. 그저 박수가 나오는 멋진 모습이었다. 마누는 수면을 오르락내리락하는 해녀 이모들 사이에서 이게 무슨 일인가 흥분한 모습으로 무엇을 물어 갈까 두리번거리며 허우적거렸다. 마누에게 물어 올 장난감을 던져주고 빨리 나오게 했다. 그렇게 한참을 이호와 신나게 바다 수영을 했다. 우리는 물질을 마친 해녀분들과 함께 파란색 트럭에 얻어 타고 뒷자리에 앉아 시원한 바람을 맞으며 돌아왔다.

마누는 제주에서 친구들을 많이 사귀었다. 우리처럼 그곳에 놀러 와서 만난 친구들과도 즐겁게 지냈지만, 제주에 살면서 늘 서핑을 하는 동갑내기 친구 베니랑 많이 친해졌다. 베니는 아빠랑 함께 패들 보드를 능숙하게 타는 멋진 래브라도리트리버다. 서쪽 해변에선 모르는 이가 없을 만큼 유명한 아이였는데, 아빠랑 바다 멀리까지 파도를 잡으러 패들링을 해서 가서 기다렸다 멋지게 파도를 타며 중심을 잡는 모습은 탄성을 자아냈다. 마누와 베니는 둘 다 성격이 비슷하고 죽이 잘 맞았다. 우리도 베니네도 수컷 리트리버와 함께 사는 세 식구 가족이었고, 사람도 아이들도 비슷한 나이들이라 공통점이 많았다.

여름이 다 지나가고 있어도 마누와 베니는 물에만 들어가면 펄펄 기운이 났다. 역시 물트리버들! 베니는 초겨울까지도 수영을 한다고 했다. 겨울에도 바닷물이 적당히 따뜻하면 마누도 따라서 바다로 직행했다. 둘 다 수영에 일가견이 있는 친구들이라 바닷물을 먹지 않고 수영하는 요령도 곧잘 배웠다.

그렇게 제주에 갈 때마다 마누는 베니랑 자주 어울리게 됐다. 베니의 엄마 아빠는 일 때문에 제주에 내려와 살고 있었는데, 베니와 함께 다닐 만한 산책 코스를 많이 알고 있었다. 진드기들을 피해 우리는 큰 귤밭과 너른 들판을 주로 찾았고 인적 드문 산책로에서 오랜 시간 트레킹을 하곤 했다. 두 시간 이상은 기본이었다. 우리도 덕분에 다리도 튼튼해지고 체력도 기르는 효과를 누렸다. 사람들도 아이들도 갈수록 더 친해졌다. 그렇게 많은 추억이 쌓여 갔지만 그중에서도 겨울에 한 트레킹이 제일 인상적으로 남아 있다. 겨울에는 쌓여 있는 눈을 보며 오름에 올랐다. 오르다 보면 넓은 평야가 많아서 털이 눈과 뭉쳐져 떡이 되도록 뛰고 구르며 겨울을 만끽했다. 아이들이 자연을 맘껏 누리고 있는 것을 보면 그 광경만으로도 행복했다. 바닷가 모래사장에서 달리고 들판에서 달리고, 모래를 파며 놀고……마누와 친구들이 행복해하는 모습을 보는 것은 어떤 돈을 주고도 못 살 마음의 행복이었다.

하루는 베니네 집에 초대되었다. 베니 아빠가 만든 야외 화덕에 고기도 굽고 전복도 구웠다. 그 집 마당에서 신나게 노는 마누와 베니를 보면서 머릿속으로 제주 생활을 그려 보았다. 그리고 끊임없이 이어지던 베니 이야기, 마누 이야기. 우리는 서로에게 아이들의 안녕과 건강을 기원하고 응원해 주었다. 애들과도 몇 조각 나눠 가며 고기랑 전복을 먹으며 따뜻한 제주를 맛봤다. 제주에 살고 싶다는 마음이 가득해지는 날이었다.

마누가 한 살이 되기 전, 제주에 처음으로 갔을 때 애견 동반 카페를 간 적이 있었다. 강아지 네 마리와 함께 사는 부부가 운영하는 곳이었는데, 아이들 중 셋은 대형견인 골든리트리버, 골든두들, 스탠더드푸들이었고, 하나는 작은 장모 닥스훈트였다. 친구들이 넷이나 있으니 마누는 더 신이 났다. 우리는 그 가족과도 자주 만나 트레킹과 수영을 즐겼다.

눈보라가 치던 어느 날, 우리는 한라산 근방의 넓은 들판에서 공놀이를 하기로 했다. 눈보라 따위는 우리를 막을 수 없다는 기세로 출발했지만, 막상 도착해서는 힘겹게 길을 헤치고 올라가고 있었다.

　날씨 때문에 걱정이 됐다. 약속한 장소에 도착 후 아이들에게 옷을 입히고 날씨를 관찰했다. 제주 날씨는 장기 예보를 하기 어려울 정도로 변화무쌍하다. 눈이 그치는가 싶어 아이들과 신나게 놀기 시작했는데, 순식간에 다시 눈보라가 몰아쳐 눈을 뜰 수 없을 정도가 되었다. 그렇지만 그땐 이미 우리도 아이들도 흥이 올라 신나게 뛰고 웃고 있었기에 눈보라의 소용돌이를 그저 신기하게 바라보며 진풍경을 사진에 담기에 바빴다. 그때의 기억 역시 잊을 수 없는 순간의 하나다.

봄이 오기 전에 우리는 그 들판에 한 번 더 가기로 했다. 카페를 하는 부부의 네 아이들과 베니네 가족, 우리 가족, 이렇게 세 가족은 인적 없는 그 들판에서 노을 지는 풍경을 배경 삼아 신나게 뛰었다. 그날따라 석양이 어찌나 아름답던지. 아이들은 공을 찾아 여기저기 뛰어다니다가 다시 모였다. 남편은 카메라로 사진을 찍고, 지인은 드론으로 영상을 남겼다. 평화롭고 천국과도 같던 그 장면은 영원히 그리울 것 같다.

하지만 현실은…… 검은 흙바닥에 털과 발과 혀가 온통 시꺼멓게 된 아이들은 그날 모두 집으로 돌아가 밤중에 목욕을 해야 했다. 그날 밤은 그렇게 땟국물을 빼고 말리느라 고된 마무리를 했다.

제주에 오면 마누의 사고 활동 위주로 돌아갔다. 일정을 짜고 날씨를 체크한 후 그날그날의 액티비티를 했다. 그야말로 피개행개(피곤한 개가 행복한 개다)의 삶. 나는 일정을 짜고 부지런히 움직였고, 마누 아빠는 열심히 촬영하며 그 모든 추억을 기록하고 담았다. 지금도 그때의 사진들은 아름다운 기억을 더욱 생생하게 되살려 준다.

몇 년 동안 제주를 다니며 우리는 바다와 산, 들판이 있는 곳에서 살고 싶다 꿈꾸게 되었다. 우리 곁에 마누가 있어서 더 그랬다. 마누가 더 나이 들기 전에, 힘이 있을 때 누릴 수 있도록 해 주고 싶었다. 마누의 시간은 빠르니까, 우리가 생각한 것보다도 훨씬 빠르니까.

마누가 두 살 될 무렵부터 시작된 코로나19 팬데믹은 이후로 오랜 시간 사람들의 삶을 바꿔 놓았고, 우리 역시 가급적 도심을 피해 사람들이 적은 조용한 곳을 찾게 됐다. 제주 여행을 떠날 때면 중간중간에 좋은 곳들을 들러 짧은 여행을 했다. 배를 타고 가려면 여정이 길었기 때문에, 우리는 하루 정도 쉬어 가는 여행지를 정하곤 했다.

한번은 지인분이 사시는 여수를 거쳐 갔다. 그 당시 대형견이 이용할 수 있는 숙소는 많지 않아서 도심에서 떨어진 곳에 어렵게 숙소를 정했다. 여수는 섬도 많고 마누와 누릴 수 있는 둘레길과 공원도 곳곳에 있었다. 여수 밤바다를 거닐기도 하면서 관광지를 누볐다. 지금은 여수에도 반려 아이들과 동반할 수 있는 숙소들과 식당들이 빠르게 늘어나고 있다. 이렇게 여수를 거쳐 보성 녹차밭을 구경하기도 했고 고흥 녹동항에서 제주로 들어간 적도 있었다. 고창 청보리 축제를 보고, 영광을 거쳐 진도항에서 출발하는 코스도 좋았다.

우리는 봄에 꽃이 피면 늘 여행을 가고 싶어서 마음이 부풀었는데, 어느 해 봄에는 제주 가는 길에 밀양에 사는 여행 작가 오빠 댁에 마누와 함께 방문했다. 동네 가득 벚꽃이 만발했고 언덕으로 이루어진 마을 곳곳엔 행복이 스며 있는 듯했다. 마누랑 작은 마당에서 꽃들 나무들을 구경했다. 아궁이에 따뜻하게 불을 지펴 주시던 오빠는 아궁이 바비큐로 맛난 저녁을 만들어 대접해 주셨다.

작은 텃밭에서 시금치를 따다가 샐러드를 만들고, 고기를 곁들여 저녁을 근사하게 먹었던 기억이 지금 떠올려도 참 좋다. 마누와 평화롭게 동네 산책을 한 것도 더없이 행복했다. 그렇게 좋은 기억만을 쌓고 우린 제주로 출발했다.

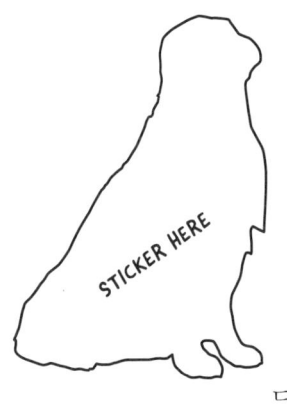

　　마누가 한 살이 되기 전 개춘기가 시작됐고, 두 살이 넘어서까지 그 에너지를 주체 못 해 매일매일 고민이었던 시기였다. 때로는 훈련도 안 되고 말도 안 듣고……. 지쳐 가는 시기에 우리 부부에게 힘을 북돋아 주고 도움을 준 트레이너분이 제주에 있었다. 셰퍼드나 벨지언말리누아(말리노이즈) 같은 특수 목적견을 교육시키는 트레이너이자 IGP(국제 사역견 훈련 규제) 대회에도 늘 참가하는 유명한 분이었다. 보통은 경찰견 등의 사역견을 훈련시키기 때문에 그럴 때는 철저한 복종 훈련이 기본이었다. 그렇다면 우리 같은 가정견(companion dog), 특히 대형견인 마누는 어떻게 훈련하는 게 좋을까.

　　우리는 특정 상황에서 흥분도와 경계심을 낮추고 돌발 행동에 대처하는 방법 등이 궁금했다. 강아지 예절과 일관적인 교육에 관심이 많았던 우리는 기회가 될 때마다 질문을 던졌다. 트레이너분은 놀이와 집중을 통한 긍정 강화 훈련법을 많이 알려 주었다. 또한 정확한 제재와 칭찬으로 아이와 교감을 높이는 데 집중하라고도 했다. 또 공을 좋아하는 마누에게 공으로 할 수 있는 여러 가지 놀이 방법들도 제시해 주었다. 우리도 마누와 함께 훈련에 참여하며 앞으로 어떻게 하면 좋을지 배운 계기가 되었다.

　　결론은, 근면 성실하게 포기하지 않고 연습하는 것이었다.

훈련과 교육은 마누가 나이 들어 가면서 우리와 함께 언제 어디서든 즐겁게 살아갈 수 있는 기본 지침이 되었다. 그리고 이 모든 과정은 결국 우리 아이와의 교감을 이루기 위해서 하는 것이었다. 그러려면 우리도 마누를, 마누도 우리를 잘 관찰해야 했다. 무엇을 관찰해야 하는지를 배우는 게 강아지 교육인 것 같다. 아이들은 말을 못 하는 대신 여러 가지 사인으로 소통한다. 보호자는 아이의 눈썹 움직임과 같은 표정의 미묘한 변화로도 그 필요를 알아차린다. 거짓말 같을 수도 있지만, 진짜 그렇다. 가족끼리는 집 안 분위기만으로도 상대의 기분과 에너지를 파악할 때가 있는 것처럼 우리도 마누와 가족이 된 후 마누의 일거수일투족을 관찰하고 해석하게 되었다. 마누 또한 점점 우리의 기분과 감정, 말속의 의도를 알아차리게 되는 것 같았다. 보통 교감이 생긴다, 교감이 터진다, 이렇게 표현하는 그런 상황이 오는 것이다. 무엇보다 교감은 서로를 향한 애정이고 마음이고 사랑이다.

두세 살이 지나면서 마누는 눈을 더 많이 맞춰 주었고, 엄마가 얘기하는 소리에 집중하며 고개를 갸우뚱하기도 했다. 단어들과 문장들을 수신호가 없어도 점점 더 많이 알고 익히게 되었다. 그렇게 잘 지낸다 싶다가도 막히면 트레이너분에게 문의해 방향이 맞는지 점검했다. 주변에 좋은 분들이 있다는 건 정말 큰 행운이다. 그저 감사할 따름이다. 훈련뿐 아니라, 강아지를 많이 알고 경험이 풍부한 분들이 주변에 있었기에 그분들 도움으로 마누도 잘 성장할 수 있었다.

촬영장은 긴장감과 에너지가 응축되어 있는 곳이다. 마누가 점잖아진 세 살 무렵부터 나는 가끔 촬영장에 마누를 데리고 다녔다. 복잡한 장면을 촬영할 땐 어려웠지만, 세트장에서 촬영이 있을 때에는 간혹 분장실이나 대기실에서 마누와 함께 지내곤 했다. 처음 촬영장에 왔을 때 마누에게 조용히 해야 하며 뛰지 말아야 한다고 촬영장 에티켓을 상세히 설명해 주었다. 과연 알아들었는지는 모르겠지만 나의 목소리나 주변 분위기로 마누가 충분히 눈치채지 않았을까! 어쨌거나 촬영장에 갈 때마다 마누는 조용히 내 옆에 붙어 있었다. 촬영에 들어가면 마누는 대기실에서 얌전히 잠을 자기도 하고 잘 기다려 주었다. 쉬는 시간엔 근처를 함께 산책하기도 했다.

강아지 호텔에 잠깐 맡기고 일하러 가는 경우도 있었지만, 언제부터인가 내가 분리 불안이 생겨 마누를 가까이에 두고 싶어 했다. 정작 마누는 분리 불안이라고는 하나도 없어 보였다. 심지어 자주 다니는 강아지 유치원을 너무나 좋아했다……. 촬영 후 대기실에 돌아오면 반겨 주는 우리 아기 모습에 큰 힘을 받았지만, 좋아하는 수영도 할 수 있고 친구들과 신나게 놀 수 있는 유치원과 호텔을 보낼 수밖에 없었다. 촬영이 길게 이어지거나 지방에서 일을 해야 할 때는 더더욱 호텔에 맡기는 수밖에 없었다. 보통은 우리 부부가 번갈아 아이를 돌보며 지냈지만 둘 다 그럴 수 없을 때도 생겼다. 짧은 기간이라면 동네 지인 언니네에 마누를 맡기기도 했다. 그 집도 래브라도리트리버를 키우는 가족이었는데 우리가 바쁠 땐 감사하게도 마누를 기꺼이 돌봐 주셨다. 하지만 며칠 동안 어려운 상황이 되면 강아지 유치원이나 호텔을 이용했다.

주변에 찾아보면 강아지 유치원과 호텔이 정말 많지만, 대형견을 잘 돌봐 주는 곳은 흔치 않다. 아이들이 크고 성향도 다양한데 아이들마다 특성을 잘 파악하고 돌봐 주는 곳은 많지 않았다. 중성화 수술을 했는지 여부도 중요했다. 마누는 중성화 수술을 하지 않은 아이였다. 아기를 가질 계획이 있어서 하지 않은 것도 있었지만, 건강상 이로움도 많아서 고심 끝에 하지 않기로 선택했다. 그런 경우 수컷들끼리 만나거나 중성화를 하지 않은 여자아이들과 있을 때에 주의 깊게 관찰해야 한다. 그래서 다른 아이들과 있을 땐 더더욱 마누에게서 눈을 떼지 않았다. 중성화를 안 한 남자아이들끼리 있다고 무조건 싸움이 나는 건 아니다. 서열을 가리려는 성향이 있지만 미리 알고 떨어뜨려 교육시키면 된다. 기본적으로는 본능이 있는 존재들이다. 그 본능이 무엇인지 알고 그에 맞춰 유도하는 것이 보호자의 의무인 것 같다.

마누의 호텔을 찾는 건 쉽지 않았다. 그런데 어느 날 집에서 멀지 않은 곳에 골든리트리버 가족이 반려견 호텔과 수영장을 새로 오픈했다. 넓은 마당과 큰 수영장이 있는, 마누가 좋아하는 환경이 모두 갖춰진 곳이었다. 그곳 사장님네 두 아이들과 마누는 잘 어울려 지냈고 사장님 내외도 마누를 예뻐해 주셨다. 마누의 성향을 꼼꼼하게 파악하셨고, 그에 맞게 운동과 놀이도 해 주셨다. 몇 년 동안 내가 촬영을 가게 되면 마누는 자주 그곳에서 호텔링을 했다. 친구들도 많이 사귀고 수영도 매일 하고, 데리러 가면 안 가겠다고 사장님 뒤로 숨기도 했다.

믿을 만한 곳을 만나기가 어려운데 나로선 너무 감사하고 다행스러운 일이었다. 마누가 보고 싶어 생긴 나의 분리 불안은 어쩔 수 없었지만. 일하면서 마누가 즐거워하는 모습을 사진으로 볼 때마다 안심하며 촬영에 열중하곤 했다.

사람 아이나 강아지 아이나 보호 시설에 맡기고 노심초사하게 되는 건 마찬가지인 것 같다. 강아지 트레이너에게, 호텔에, 브리더에게, 혹은 병원에까지도 어딘가에 아이를 맡기고 나서 드는 걱정과 우려는 어쩔 수가 없다. 부모와 같은 입장과 마음이 아니기 때문에 도움을 받게 되더라도 결국 결정과 책임은 보호자의 몫이라는 생각을 많이 하게 되었다.

마누가 네 살이 되던 해에 드디어 장가를 가게 되었다. 도그 쇼에서 함께했던 핸들러이자 브리더는 골든리트리버 전문 견사를 운영하고 있었는데, 그곳에 있는 두 돌 지난 여자아이랑 마누를 합사시키기로 했다. 계획은 마누가 두 살 되던 해, 그 아이들이 태어났을 때부터 잡혀 있었다. 꼬물이들이 커서 장차 성견이 되면 마누를 장가보내기로 하고 2년을 기다렸다. 여자아이가 두 살이 되고 각자 고관절 검사 및 건강 검진을 하고 합사가 이루어졌다. 합사는 생각보다 쉽지 않았다. 때가 되어 두 아이를 자연스럽게 함께 두었다. 뭔가 시도는 하는 것 같은데 둘 다 경험이 없다 보니 잘 이루어지지 않았다. 기다림은 계속됐지만 결국 실패. 마누도 여자아이 원더도 지칠 대로 지쳤다. 원기를 회복하고 난 이튿날, 결국 브리더의 도움으로 합사에 성공했다.

강아지의 임신 기간은 약 두 달 정도로 짧다. 한 달쯤 지나면 아이의 체형도 변하고 움직임도 느려져 조짐이 보이기는 하지만 병원에서 초음파 검진으로 정확한 확인이 가능하다. 간혹 상상 임신이 있고 출산일도 계산해야 해서 초음파가 필요하다고 했다. 마누의 짝꿍 원더의 배가 불러 왔다. 우리는 신기하고 고맙고 손주(!)를 본다니 너무 이상야릇한 기분이 들었다. 초음파 화면에서 아가들이 꼼지락대는 것이 보였다.

출산일이 다가와서 기대와 걱정으로 견사를 찾았다. 오늘은 기미가 없다고 해서 그냥 돌아가려고 하는데, 원더가 그사

이 한 마리를 낳았다. 세상에! 진통하는 모습도 없었는데 짧은 순간 뽕 하고 아가가 태어난 것이다. 갑자기 브리더는 준비하느라 분주해졌다. 이제 산통이 시작되는 것 같았다. 원더는 헉헉대고 고통스러워했다. 미리 준비해 둔 침실에서 조용히 출산이 이루어졌다. 아기가 태어나면 막을 벗기고 젖은 몸을 빠르게 마사지해서 체온을 올렸다. 사람의 출산과 하나도 다르지 않아 보였다. 나도 옆에서 성실히 도왔다. 신비로운 광경이었다. 아름답고 눈물이 났지만 아가들이 울고 있어서 따듯하게 해 주느라 눈물을 흘릴 틈도 없이 분주했다.

이렇게 모두 다섯 아이들이 탄생했다. 마누는 자기 새끼들인 걸 아는지 모르는지 이상하게 원더를 바라만 봤다. 매일매일 아가들에게 젖 먹여 가며 육아하는 건 노동이었다. 브리더는 잠도 못 자고 두 시간에 한 번씩 젖을 물렸다. 어미에게 깔리지 않는지 새끼들을 늘 보고도 있어야 한다고 했다. 보름쯤 지나니 쪼끄마한 단춧구멍처럼 눈을 떴다.

너무 귀여웠다. 마누 아가 때 생각이 많이 났다. 그땐 이 아이를 어떻게 키워야 하나 하는 생각에 예뻐해 주기보다 교육하는 데 열성을 쏟은 것 같은데, 막상 마누 아이들을 보니 마냥 너무도 예쁘기만 했던 것이다. 원더도 육아하느라 고생했는데, 어엿하게 엄마 노릇을 하며 아이들을 잘 돌보고 있었다.

우리는 마누 아가들이 입양 가기 전 사진들을 많이 남겨 두었다. 좋은 가족과 함께 살게 되길 기원하며 축복하고 행복을 빌었다. 가깝게는 같은 동네의 지인분이 마누의 딸을 키우게 되었다. 이름은 마레! 라틴어로 바다라는 뜻이란다. 우리는 '마'누 딸'내'미 줄임말 같아서 마레라는 이름이 더 좋았다! 아이들은 멋지게 잘 컸다. 성품은 엄마를 많이 닮았고 외형은 아빠를 닮은 아이들도 있었다. 마누와 원더의 아이들은 리오, 마레, 마야, 금동이, 가엘이라는 이름을 갖게 됐다. 모두 귀한 가족들과 행복한 삶을 누리길 바래, 아이들아! 우리는 가끔 모여서 안부를 나누며 함께하는 여정을 서로 응원했다.

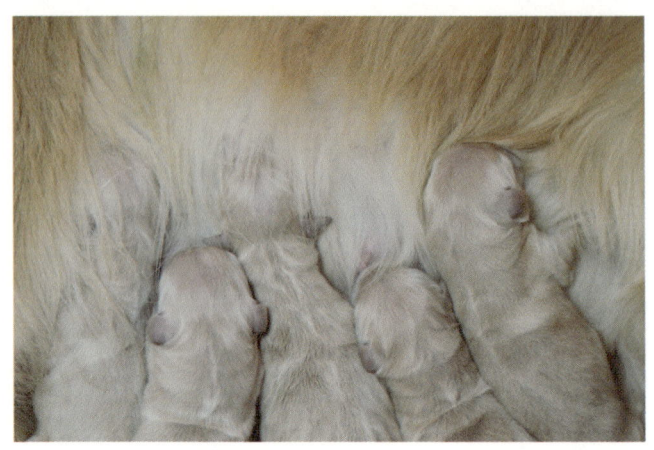

드라마 「The 8 Show」를 찍을 때는 90퍼센트 이상을 세트장에서 촬영을 진행했다. 대전의 세트장에서 여섯 달 넘게 배우들과 스텝들이 동고동락했다. 드라마는 어떤 고립된 공간에서 돈을 벌기 위해 게임을 하게 되는 여덟 명의 이야기였는데, 실제로도 모두가 집을 떠나 고립된 채 촬영만 하는 처지여서 서로에게 참 많이들 의지했다. 그날의 촬영을 마치면 숙소로 돌아가 쉬고, 다음 날 다시 일하는 루틴의 연속이었다. 시간이 지나면서 우리는 각자 깨알 같은 이벤트와 색다른 힐링 방법을 생각해 냈다.

얼마 후 나는 호텔에서 애견 동반이 가능한 에어비앤비 숙소로 옮겼다. 마누와 함께 머물기 위해서였다. 강아지 가족이 있는 다른 배우들도 아이들과 함께하기 위해 하나둘씩 비슷한 숙소를 마련하고 있었다. 떨어져 있으면 제일 걱정되는 건 강아지일 테니까. 촬영장 대기실은 강아지 가족들로 시끌벅적해졌다. 마누와 친구들은 예쁘게 대기실에서 얌전히 기다려 주었고, 주변에 산책을 할 수 있는 작은 잔디 공간에서 놀기도 했다. 마침 세트장에서 삼십 분 정도 떨어진 곳에는 마누의 사촌들이 사는 반려 유치원 호텔도 있었다. 마누와 친구들은 가끔 다 같이 그 유치원에서 낮시간을 보내고 저녁에 우리와 함께했다. 나는 촬영이 없는 날엔 동반 숙소에서 맛있는 맘마를 해 먹이고 마누와 주변 공원을 느긋하게 산책했다. 고된 촬영에 가장 큰 힘과 비타민제였다.

청주에 있는 반려견 유치원엔 마누의 사촌 여동생들인 로아, 조아와 남동생 몰리가 살고 있었다. 마누의 엄마 쪽 혈통으로 연결된 사촌지간이었다. 우리는 아이들 어린 시절부터 알고 지냈는데, 그 집에 골댕이들이 많아지면서 자연스레 대형견들에 대한 경험과 노하우가 쌓여서 그걸 기반 삼아 반려견 유치원과 호텔을 운영하시기 시작했다. 멀어서 문제였지 넓은 잔디 운동장과 수영장과 깨끗한 숙소가 너무 좋은 곳이었다. 마누는 그곳 아이들인 동갑의 복남이, 로아와 조아, 몰리, 꽃남이까지 오랜만에 보고는 신나고 또 신났다. 특히나 사장님인 이모는 마누의 최애 이모 중 하나였다! 우리는 제주에서도 만나 여행도 같이 하고 평소에도 자주 연락하며 지냈다. 마침 가까운 곳에서 촬영을 하니 마누는 밥 먹듯 이모네 갈 수 있어 좋아했다.

그곳은 대형견들이 많이 찾는 곳이었는데, 아이들의 성향을 잘 파악해서 신기하게도 이모 말에 순종하게 만들었다. 여기 사장님인 자매 두 분은 강아지들에게 인기가 최고였다. 하지만 예의 없는 친구들을 대할 땐 카리스마가 대단하셨다. 아이들은 리더인 이모 말을 잘 따랐고 유치원 질서를 배웠다. 갈 때마다 수영장에 들어가는 마누와 친구들을 수영시키고 씻기고 말리고…… 아이들을 아무리 좋아해도 체력적으로 가능한가 싶었다. 드라마 촬영이 끝나고 나서도, 먼 길이 번거로워도 우린 청주의 호텔과 유치원을 갔다.

마누는 참 수영에 진심인 아이다. 그렇다고 모든 물에 달려들어가는 건 아니다. 항상 허락을 해줘야 몸을 담근다. 바다나 호수에서도 수영을 위해 가는지 그냥 풍경을 즐기러 가는지를 귀신같이 알아챘다. 수영은 마누의 근육과 관절을 튼튼하게 해줬고 적절히 체중을 유지하게 한 일등 공신이었다. 희한하게 수영을 마치고 몸을 씻기고 나면 다시 물에 들어가려고는 하지 않았다. 똑똑이 내 새끼!

시간만 나면 우리는 마누와 여행 갈 궁리를 했다. 실은 내가 어디 가자고 제안하면 남편은 흔쾌히 따라 주는 편이었다. 마누가 한 살 때 미국을 다녀온 뒤로 해외에 함께 나가는 건 어려울 거라 생각했는데, 지인 친구네가 태국 후아힌에 강아지 동반으로 같이 가자고 제안해 왔다. 그곳의 큰 호텔들이 반려 동물 동반 리조트로 리노베이션하여 프로모션을 한다는 것이었다. 비행시간은 네 시간, 내려서 차로 다시 이동해야 하고…… 게다가 더운 나라인데 괜찮을까.

가려는 리조트를 알아보니 우리가 함께할 수 있는 시설과 수영장도 갖추고 있고 바다가 가까이 있는 멋진 곳이었다. 그래도 비행기 화물칸에서 잘 있을 수 있을까? 아이들과 함께하는 동반 여행에 기쁘면서도, 한편으론 걱정도 많이 됐다. 고민하던 우리 부부는 마누랑 해외 여행을 언제 다시 가 보겠냐며 마누가 나이가 더 들면 어려울 것 같아 용기를 내 보기로 했다.

이제 마누의 나이는 다섯 살이었다. 몇 년 전 기억을 떠올리며 출입국에 필요한 서류를 준비했고, 마누는 예방 접종을 하고 건강 검진도 받았다. 마누가 튼튼해서 여행하는 데는 문제가 없을 거라고 했다. 최대한 가벼운 켄넬로 무게 제한을 맞췄다. 사람은 평균치보다 덩치가 더 크다고 해서 항공료를 추가로 지불하진 않는데, 강아지들은 왜 무게 제한이 있는 건지 아쉬웠다. 탑승 며칠 전부터 마누는 음식을 줄였고, 당일엔 공복 상태로 비행기에 올랐다.

태국에는 생각보다 빨리 도착했다. 마누도 컨디션이 괜찮았다. 공항에 내려 물도 마시고 배변도 마쳤다. 밖으로 나서자 덥고 습한 공기가 훅 끼쳐 왔다. 외국에 왔구나! 마누를 다시 켄넬에 실어 미리 예약해 둔 차량을 타고 후아힌으로 이동했다. 두 시간여를 달리는데 길이 그리 좋진 못했다. 울퉁불퉁한 국도를 달려 겨우 숙소에 도착했다. 후유, 그제야 마음이 좀 놓였다. 마누가 오는 길에 멀미를 했을까 봐 걱정됐다. 다행히 시원한 리조트 안에 들어오자 마누는 미소를 되찾았다.

같이 간 친구네 강아지는 몰티즈였는데 마누보다 몇 살이나 많은 형이었다. 조금 예민한 편인 루이 형아를 마누는 잘 따랐다. 어릴 때 서로 만나자마자 서열이 확실히 정리됐고, 그 후

로 마누는 동생으로서 늘 형 눈치를 봤다. 먹을 때 서로 예의만 지키면 됐는데, 마누는 루이 형이 밥 먹을 땐 무서워서 가까이 가지 않았다. 그렇게 둘 사이의 평화가 순조롭게 지켜졌다.

리조트는 우리만의 천국이었다. 다른 강아지 친구들이 거의 없어서 며칠 동안 우리는 마누랑 수영도 하고 바닷가 산책도 하고 더운 낮엔 시원한 방에서 늘어지게 낮잠도 잤다. 아유, 잘 왔다! 귀찮고 번거로운 걸 감수하면 이렇게 즐거운 시간을 보낼 수 있구나! 우리는 늘 마누와 함께하고 싶었고 마누에게도 엄마 아빠와 함께하는 그 시간이 행복하기만을 바랐다.

그곳은 반려 아이들을 위한 시설이 완벽하게 갖춰진 건 아니었지만 조경도 잘 돼 있었고 수영장 등의 시설도 너무 좋았다. 꿈같은 휴가는 빠르게 지나가고, 어느새 돌아갈 날이 되었다. 입국을 위해 동물 검역소에 서류를 제출하러 방콕으로 이동했다. 방콕에서 하루 머문 곳은 요즘 유럽인들이 많이 모인다는 반려견 동반 호텔이었고, 힙한 느낌이 물씬 나는 멋진 곳이었다. 열대림들이 늘어선 숲에서 산책도 즐겼는데, 습하고 더워서 밤에 나가 걸었다.

다음 날 밤 우리는 집으로 돌아가기 위해 공항으로 갔다. 오가는 비행만 아니면 어디든 데리고 다니고 싶은데…… 컴컴할 것 같은 화물칸에 아이를 혼자 두는 건 내내 마음이 쓰였다. 언젠간 대형견도 비행기를 사람들과 같이 타고 이동하게 되면 좋겠다. 그러려고 열심히 교육도 시키고 잘 가르친 걸 텐데, 이런 점은 여행을 다닐 때마다 늘 아쉽다.

인천공항에 새벽에 도착했다. 마누가 나오길 기다리는데 저 멀리서 애가 짖는다. 마누는 웬만하면 짖지 않는데 무슨 일일까……? 빨리 그물망을 걷고 아이를 꺼냈다. 침을 많이 흘리고 있었다. 경중경중 뛰면서 싫었다고 표현했다. 겨우 진정시키고 상태를 보니 화물칸 안이 더웠던 모양이었다. 다시 또 후회가 몰려왔다. 더운 나라는 안 되겠다 싶었다. 그 당시 태국은 가장 더운 시기는 아니었지만 그래도 아이들에겐 무리였다.

　이렇게 좋은 추억도 나쁜 기억도 얻은 여행이 끝나고 집에 돌아왔다. 뭐니 뭐니 해도 홈 스위트 홈! 집이 좋은 건 집을 떠나 봐야 알 수 있다. 한국말을 쓰고 한식을 먹고 우리도 마누도 각자 침대에 편히 뻗어 있을 수 있는 집이 제일 좋다!

우리는 마누와 점점 더 돈독한 가족이 되어 가고 있었다. 함께 밥을 먹고 한곳에서 생활하며 일상을 나누는 우리 가족. 우리는 서로에 대해 더 많이 알게 됐고 그럴수록 서로에게 더 많이 의지했다. 아이들이 제일 좋아하는 건 아마도 보호자와 항상 함께하는 걸 거다. 그래서 나도 남편도 마누와 어디서든 함께하려고 했다.

마누가 어디서든 우리를 잘 따라 주고 예의 있게 행동한 덕분에 우리도 그럴 수 있었다. 어린 시절 엄격히 교육한 결과라고 주변에서 많이들 말해 주었지만, 우리는 마누가 조금씩 나이를 먹으며 스스로 세상과 우리를 알아 가는 과정이 참 기특했다.

인간과 다른 이 존재를 통해 나는 나 자신을 새롭게 배우고 다시 볼 때가 많아졌다. 반려 아이들은 나를 비추는 거울 같을 때가 있다. 신기하게도 마누도 나나 남편의 성향을 닮아 가고 있었다. 마누 너, 내 새끼 맞구나! 보고 있어도 보고 싶은 우리 마누. 마누가 어릴 때보다 성견이 된 후 나의 애정은 더 커졌고 수시로 뽀뽀를 달고 살았다. 나의 분리 불안에는 약도 없었다. 하지만 여전히 시크하기만 한 우리 마누!

태국에 같이 갔던 친구들은 속초에도 집을 두고 있었는데, 속초의 자연과 제반 환경은 제주와 비슷한 장점을 갖추고 있었다. 그 친구들 덕분에 우리는 태국 여행 이후 마누와 계절마다 속초에 다녔다. 속초는 서울과도 멀지 않았고 곧 고속 전철이 생긴다고도 했다. 강원도의 자연은 정말 매력적이었다. 마누 중심으로 살아가는 우리 눈에는 산책과 뛰노는 숲길들이 많고, 마누가 좋아할 만한 바다와 수영장도 있는 속초가 완벽하게 좋아 보였다.

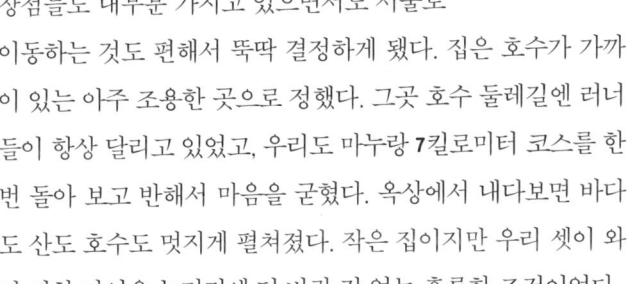

1년여를 속초를 왕래하다 우리는 마침내 큰 결단을 내렸다. 속초로 이사를 가기로 한 것이었다. 매번 제주를 다니면서 꿈꾸었던 것이었는데, 제주가 지닌 장점들도 대부분 가지고 있으면서도 서울로 이동하는 것도 편해서 뚝딱 결정하게 됐다. 집은 호수가 가까이 있는 아주 조용한 곳으로 정했다. 그곳 호수 둘레길엔 러너들이 항상 달리고 있었고, 우리도 마누랑 7킬로미터 코스를 한 번 돌아 보고 반해서 마음을 굳혔다. 옥상에서 내다보면 바다도 산도 호수도 멋지게 펼쳐졌다. 작은 집이지만 우리 셋이 와서 귀한 자연을 누리기엔 더 바랄 것 없는 훌륭한 조건이었다.

한동안은 집 정리를 하느라 바빴다. 마누를 위해 미끄러지지 않는 바닥재도 깔았다. 강아지 손님과 사람 손님을 위해 침구와 일용품도 구비했다. 나중에 실제로 우리 집에는 손님이 끊임없이 오갔다. 부모님을 비롯해 식구들도 다녀가고, 친구들, 이웃들, 강아지 손님들도 자주 왔다. 손님들이 오실 때마다 마누도 가이드 노릇을 톡톡히 했다. 손님들과 꼭 가게 되는 산책길엔 자기가 앞장서서 안내하며 더 신나했다.

그렇게 강원도 라이프가 시작됐다. 우리는 김포와 속초를 오가며 두 집 살림을 했다. 우리가 강아지 때문에 그런 삶의 방식을 선택했다고 하면 어떤 사람들은 이상하게 여길지도 모르겠다. 하지만 우리는 마누 때문에, 마누는 우리 때문에 더 행복해졌고, 그건 돈으로도 세상 무엇으로도 살 수 없는 소중한 것이었다. 우리 가족은 그렇게 행복을 현실로 만들어 나가고 있었다.

속초에선 양양과 고성, 강릉, 동해, 삼척까지 해안선을 따라 아름답게 펼쳐지는 동해의 바다를 만끽할 수 있었다. 나는 산과 바다 중에서 산을 더 좋아한다. 사계절 백두대간의 능선은 연신 감탄만 나올 정도로 절경들을 펼쳤다. 집에서 가까운 설악산과 금강산은 특히 더 아름다웠다. 국립 공원이라 마누와는 갈 수 없었지만, 근처 숲길과 산책길만으로도 충분히 계절을 즐길 수 있었다.

봄엔 마누와 함께 흐드러져 날리는 벚꽃을 맞으며 강릉에서 속초까지 꽃길들을 찾아다녔다. 여름엔 풍성한 나뭇잎이 그늘이 되어 주어 산책하기도 좋았고, 바다가 잔잔할 땐 슝슝은 필수였다. 가을엔 단풍이 들고 화려한 꽃의 축제가 열린다. 마누는 시원한 바람이 부는 들판에서 뛰어놀았다. 눈이 많이 오는 겨울은 마누의 계절이었다. 속초엔 50센티미터 이상으로 눈이 올 때가 많았다. 그러면 마누는 눈 사이로 점프, 또 점프! 우리도 마누도 아이들처럼 눈을 굴리고 던지고 하염없이 눈길을 걷기도 했다. 이렇게 다채로운 사계절을 보내는 사이 우리에겐 속초의 추억이 차곡차곡 쌓여 갔다.

속초 집에서 지내다 보니 동네 친구들도 생겼다. 마누보다 두 살 많은 형 잭슨이는 보더콜리이고 보호자 부부는 횟집을 운영하셨다. 그 가족은 산책 중에 마주치면 우리에게 살갑게 말을 건네 주었다. 아무래도 강아지를 키우다 보면 서로 인사하면서 자연스럽게 마음을 열게 되는 경우가 많다. 횟집은 바닷가에 인접해 있었는데 마누와 잭슨이는 바다 앞에만 서면 미친 두 남자가 되어 뛰어들어 신나게 수영했다. 잭슨이도 수영 경력이 있는 선수여서, 마누와 둘은 엄마들이 던져 주는 장난감을 물어 오며 노느라 정신이 없었다. 주변에서 구경하던 관광객들은 골프 갤러리처럼 응원을 해 주며 사진을 찍곤 했다. 수영을 마치고 나면 잭슨이네서 민물로 몸을 헹구고 집으로 슬렁슬렁 걸어갔다.

마누랑 속초에서 지내노라면 나는 마치 10대 시절로 돌아간 듯한 기분이 들 때가 있었다. 신나게 같이 물놀이를 하고, 공 던지기를 하고, 뛰고, 구르고, 눈 속을 헤치며 까르르 웃으면서 나는 나이도 체면도 잊고 순수했던 어린 시절로 돌아가 있곤 했다. 물에 흠뻑 젖은 채로 슬리퍼를 끌고 집으로 룰루랄라…… 마누는 날 그렇게 어린아이처럼 만들어 주는 존재였다.

그 덕분에 내 얼굴에는 주근깨와 잡티가 늘어 갔다. 그래도 일하려면 우아하게 피부 관리도 받고, 햇빛도 피해 다녀야 하는데. 그저 곤란할 따름이었다, 하하. 하지만 세상 무엇도 바꿀 수 없는 깊은 행복감에 빠져 살았다. 얼굴은 더 꽁꽁 씨매고 다니지 뭐. 러닝과 운동하는 시간을 빼고도 하루에 평균 만 오

천 보에서 이만 보 정도를 마누와 걸으며 보냈다. 호숫가 둘레 길을 걷다 보면 산책 친구들을 만날 때도 있었다. 그러면 다 같이 그룹을 지어 7킬로미터 길을 걸었다. 래브라도리트리버 덕선이, 골든리트리버 달콤이, 사모예드 샤샤. 다들 부지런히 산책하시는 보호자분과 함께였다. 우리는 간식과 물을 나눠 먹고 마셨고 차분히 걸으며 서로를 응원했다.

우리 가족은 아침 산책을 제일 좋아했다. 마누를 데리고 항상 가는 수변 덱 공원이 있었다. 짧은 산책이지만 그곳에 도착하면 호숫가에 서서 물을 가만히 들여다보며 즐겼다. 마누는 호수에서 작은 물고기를 찾았다. 봄에서 가을까지는 숭어가 물 위로 뛰어올랐다. 뛰어오르는 물고기를 백로, 두루미, 가마우지 같은 새들이 기막히게 낚아채는 멋진 장면도 간혹 볼 수 있었다.

그 모습이 신기한 건 우리도 마누도 마찬가지였다. 마누는 물에 뛰어들고 싶어 하다가 뛰어오르는 물고기를 보고 흥분하다가 했다. 마누 아빠는 아침부터 카메라 셔터를 누르기 바쁘고 나는 마누의 뒤통수를 연신 휴대폰으로 찍어 댔다. 뭔가에 집중하고 있을 때의 마누 뒤통수는 내가 정말이지 가장 사랑하는 모습이었다.

한없이 그림 같던 나날들이었다. 오래오래 누리고 싶은 그 시간들이 우리를 빠르게 지나쳐 가고 있었다.

모든 건 지나간다. 흐르고야 만다.

어린 시절 나는 삼척에서 유년기를 보냈다. 부모님과 여섯 살에 인천으로 오기 전까진 바닷가 마을에서 살았다. 이상하게도 나는 그때의 기억이 많다. 여동생과 모래사장에서 놀던 기억이나, 엄마랑 아빠랑 만든 추억들이 남아 있다. 노을이 질 무렵, 나는 그 시간을 항상 싫어했다. 그 시간이 되면 엄마가 불러 집으로 가야 했는데 더 놀고 싶어 울며 떼를 쓰던 기억이 난다. 밤으로 넘어 가는 노을 녘은 아름답지만 왠지 모를 불안과 불편한 기분이 가시지 않았다. 천천히 어둠 속으로 희미해지는 모든 것들…….

우리 가족은 마누와 더불어 한 시절을 누리며, 마누를 더 사랑하게 되었다. 우리에겐 사람 아이 못지않은 어엿한 아들이었다. 항상 사랑스럽고 우리의 자랑이던 마누. 어둠 속에 잠겨 드는 해 질 녘처럼 슬픔이 우리의 삶을 덮쳐 오고 있었다. 우리 가족 셋을 뿌리부터 뒤흔들어 놓은…… 그 시간이 다가오고 있었다.

MAN STORY

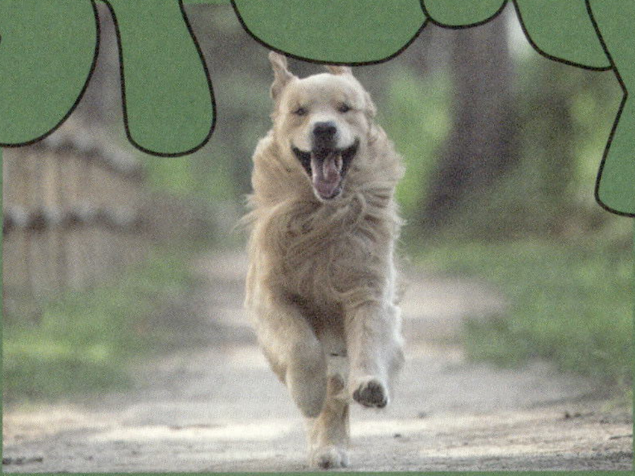

CHAPTER 03

영원했으면 좋겠다, 우리의 시간이

갑작스러운 마누의 발병, 그리고 투병 생활……
마침내 작별.
떠나보내고도 한참을 작별의 시간에 서 있다.
미치도록 보고 싶고, 애달프게 그리운 나의 마누!

아직도 마음속을 가득 채우고 있는
마누와의 시간을 다시 마주해 본다.

공! 실밥이 터진 부분으로 하얀 속살이 드러나 있는 주황색과 초록색 공! 마누가 제일 좋아하는 공이다. 하도 좋아해서 한꺼번에 여러 개씩 갖춰 두곤 했다. 그 공만 손에 들면 마누는 순식간에 초집중 상태가 됐다. 앞다리에는 단단히 힘을 주고 뒷다리를 땅에 박듯 뻗어
내던 멋진 자세의 마누. 그러고는 날 쳐다보던 마누의 맑은 눈동자가 선하다. 지금도 눈앞에 금방이라도 나타날 것만 같은 아이. "마누 어딨어?" 하고 부르면 사랑스럽게 뿅 하고 머리를 들이밀던 커다란 존재. 아직도 마누의 몸 곳곳이 내 손에 기억으로 남아 있다. 나는 여전히 감촉만으로도 우리 마누를 찾아낼 수 있을 것 같다.

이렇게나 선명한데, 그 아이가 지금은 없다.
내가 숨 쉬는 이 세상에서는 더 이상 만날 수 없다.
아직도 나는 이 현실을 인정하고 받아들이는 과정에 있다.

남편이 사진을 꾸준히 찍었던 탓에 나의 SNS는 온통 마누 사진으로 도배되곤 했다. 여행도 많이 다니고 산책도 재밌는 곳을 찾아 다니다 보니 사진과 기록이 일상이 되었다. 어느 날 마누 사진으로 사진전을 해보자는 제안을 받았다. 그때는 마누가 항암 치료를 받으며 투병 중이었지만 우리는 사진전을 마누와 함께하는 좋은 추억을 하나 더 보태는 기회로 삼고 싶었다. 사진전 제안을 수락하고, 이전보다도 더 많은 사진을 남기기 위해 남편은 수시로 카메라를 꺼냈다. 체력이 떨어지기 전까지 열심히 돌아다니고, 병원을 오가는 모습까지 우리의 일상을 담아내려 애썼다. 모든 순간이 아깝고 소중했다.

사진전을 준비하는 과정에서 마누가 떠났다. 떠나보내고도 엄마와 아빠는 아직도 멍하니 마누의 자취를 쳐다보고 있다. 밝고 활기차기만 했던 나의 보디가드 해피 스마일 마누. 사진전에 보낼 사십 점이 넘는 사진들 속엔 우리 가족의 일상과 애정이 가득했던 시간이 오롯이 담겨 있었다. 그렇게 마누가 떠나고 약 석 달 뒤에 사진전이 열렸다. 원래 뜻하던 바와는 달리 추모 전시가 되었다.

방문하신 많은 분들과 마누 이야기를 나누었다. 마누도 없이 사진만 보며 마누 이야기를 추억처럼 나누게 된 것이 어색하고 헛헛했다. 수많은 위로와 격려를 받고도 돌아서면 공허한 현실에 쓸쓸함을 느꼈다.

219

우리에게 비극이 닥쳐오고 있던 그때, 나는 20여 년 만에 연극으로 무대에 오르게 된 참이었다. 대학을 졸업하고 줄곧 뮤지컬이나 연극 공연을 하던 시기가 있었지만, 대중 매체로 옮기고 나선 오랜 시간 무대에서 떠나 있었다. 그립기도 했지만 다시 무대에 서는 것이 두렵기도 했다. 이번 연극은 살사를 추며 얻게 된 아이디어를 토대로 만들어진 작품이었다. 나는 원안자와 출연자로 참여하게 되었다. 런웨이식 무대에서 한 시간 반가량을 단 두 명의 배우가 대사와 움직임으로 채워 가야 하는 독특한 형식의 연극이었다. 두 달가량의 연습 기간을 가졌다. 지하 연습실에선 모두 땀 흘리며 준비에 임했다. 어느새 연습도 후반에 접어들었고 반복되는 런 스루(마지막 예행연습) 때 나는 가끔 마누를 데리고 연습실에 갔다.

뜨거운 8월, 여름의 한가운데였고 낮에는 강아지와 밖을 돌아다닐 수도 없을 만큼 불볕더위가 계속되고 있었다. 마누는 엄마의 공연 연습 덕분에 낮 동안 어디 놀러 가지도 못하고 연습실에서 지루하게 기다리며 피서를 해야 했다. 다행히 연습실이 여의도 공원 근처라 우리는 연습 시작 시간보다 일찍 도착해서 공원의 시원한 그늘을 따라 산책을 즐겼다. 연습실에는 에어컨을 빵빵하게 켜 놔서 최고의 피서지로 손색이 없었다. 산책을 마치고 온 마누는 연습 시간 동안에는 낮잠을 즐기기도 하고 내 옆에 껌딱지처럼 붙어 있기도 했다. 마누는 그곳에서 출연진들과 제작진들의 사랑을 듬뿍 받으며 여름을 보냈다. 그렇게 연습실과 집을 함께 오가는 사이 공연 시작일은 다가오고 있었다.

그러던 어느 날 극장으로 들어가 테크니컬 리허설을 마치고 집에 돌아가던 때였다. 휴대폰을 열어 보니 부재 중 전화가 여러 통 와 있었다. 뭔가 아주 불편하고 불안한 예감이 들었다. 마치 까맣게 잊고 있던 통증을 갑자기 다시 느끼는 것처럼. 딱 어디라고 꼬집어 말할 수는 없지만 몸의 어딘가가 아픈 것 같았다.

왠지 모르게 예감이 좋지 않았다. 남겨진 번호는 마누의 호텔 사장님이었다. 마누는 며칠 전부터 더위를 피해 늘 가던 청주의 호텔에서 수영을 하며 호텔링을 하고 있었다. "마누한테 무슨 일 있어요?" 호텔 사장님과 통화를 했다. "마누가 안 좋아요……. 병원으로 가고 있어요. 큰 병원으로 옮겨야 한대요."

다급한 마음에 남편에게 전화를 했다. 이미 시간은 저녁을 지나고 있었다. 나의 두서없는 설명을 듣더니 마누 아빠는 바로 혼자 청주로 달려갔다. 그때 나를 안심시키려는 여러 말들을 들었지만 하나도 머릿속에 들어오지 않았다. 나는…… 그때 나는 몸은커녕 손가락도 눈동자도 움직일 수 없을 만큼 충격을 받은 상태였다. 앉아 있을 수도 서 있을 수도 걸을 수도 없었다. 그렇게 뚝 혼자 집에 남겨진 채 기다려야만 했다. 아무리 해도 이성이 발동되지 않았다. 도움을 줄 수 있는 누군가에게 전화를 하고 이 상황을 설명해야 했지만 이가 맞부딪힐 만큼 턱이 덜덜 떨리고 있었다.

아침 수영을 마치고 마누가 어지러운지 엎드려서 일어나지 못하고 있는 것을 호텔 사장님 가족이 발견하고 병원으로 옮겼다고 했다. 그런데 특이하게도 배가 많이 불룩했단다. 겨우 휴대폰을 들어 아는 수의사분과 통화를 했다. 이송 후 수술을 해야 할 수도 있다고 해서 그럴 수 있는 큰 병원을 알아봤다. 마누 아빠와 지인인 수의사 삼촌이 청주의 동물 병원에 도착한 건 밤 9시가 다 되어 가는 시각이었다. 병원에서는 응급으로 수술에 들어가야 한다고 했다. 빠르게 수술 준비를 시작했다. 배가 불룩한 건 아마도 피가 고여서 그런 것 같다고 해서 혈액 검사와 초음파 검진을 하고 수혈 준비를 마친 다음 수술에 들어갔다.

집에서 소식을 기다리고 있던 나는 말 그대로 피가 마르는 기분이었다. 왜 이런 상황이 됐을까……. 사전에 아무 전조 증상도 없었던 터라, 더 놀랍고 충격적이었다. 며칠 전 마누를 호텔에 보낼 때 왠지 모르게 이유 없이 이상한 기분이 들긴 했다. 마누 컨디션이 조금 안 좋은 것 같으니 잘 살펴봐 달라고 부탁했는데, 잘 먹고 잘 자고 평소와 다를 바 없다고 얘기해 주셔서 안심했었다. 아침까지 신나게 수영하고 놀던 아이에게 무슨 일이 생긴 걸까……?

수술은 한 시간을 넘기지 않고 빠르게 끝났다. 비장이라는 장기에서 출혈이 생겨 빈혈이 일어났고, 뱃속엔 새어 나온 피로 가득했다고 했다. 워싱을 하고 비장을 제거하는 수술을 마쳤다. 헤모글로빈 수치가 위험한 수준까지 떨어져서 수혈도 받아야 했다. 그때 처음으로 알았다. 우리 마누의 혈액형을. 개들도 여러 종류의 혈액형을 가지고 있다고 알고 있었는데, 현재까지 밝혀진 바로는 열세 가지나 된다고 한다.

마누는 DEA 1-형으로, 사람의 혈액형 O형처럼 다른 혈액형을 가진 개에게 수혈할 수는 있지만 자신은 같은 혈액형으로만

수혈을 받을 수 있었다. 흔한 혈액형이 아니어서 희귀한 측에 들어간다. 수술 도중 혈액이 부족할 수 있다고 해서 여기저기 전화를 하며 알아봤다. 급하게 마누가 있던 호텔에서 그 집 리트리버 아이들을 데리고 사장님이 오셨다. 만약을 대비해서 마누의 사촌 동생도 보호자와 함께 수술 시간 동안 대기해 주었다. 모두 희귀한 혈액형인 마누와는 혈액형이 달라서 수혈을 받진 못했지만, 위급한 상황에 도움을 주러 달려오셔서 정말 감사할 따름이었다. 다행히 병원에 있던 혈액만으로도 수술을 무사히 마칠 수 있었다. 긴박했던 시간들이었다. 마누 아빠는 수술이 끝난 마누가 의식이 깨어나 진통제를 맞고 안정을 찾고서야 숨을 돌렸다. 조금만 늦었으면 아이를 잃을 뻔한 상황이었다고 했다.

수술을 잘 마쳤다는 소식을 듣고서야 나도 목구멍으로 물을 조금 넘길 수 있었다. 물이 식도를 따라 뜨겁게 타들어 가고 있는 나의 속을 흘러가는 게 느껴질 지경이었다. 나는 마누만…… 내 새끼만 살릴 수 있다면 뭐든 다하겠다고 기도했다. 그 밤엔 엎드려 간절함과 두려움과 떨림이 뒤섞인 채로 입에서 나오는 대로 중언부언하며 보냈다. 그날 밤처럼 내 몸이 마음대로 움직이지 않은 건 처음 겪는 일이었다. 정말 무서웠다. 밤이 빨리 지나가길…… 이 시간이 현실이 아니길 바라고 또 바라며 새웠다.

다음 날. 마누의 의식이 돌아오고 있었다. 당장 내일이 첫 공연인데, 내 몸과 마음은 아직도 어제 떨어져 버린 저 깊은 어둠 속에서 움직이질 않을 것만 같았다. 비상이었다. 상황을 알고 있는 공연 관계자들 역시 모두 비상사태에 대비하고 있었다. 혹시 내가 무대에 못 서게 될까 봐 더블 캐스팅인 다른 출연자에게 양해도 구해 두었다고 했다. 나에게 마누가 어떤 존재인 줄 알기 때문에 모두들 크게 걱정하고 있었다.

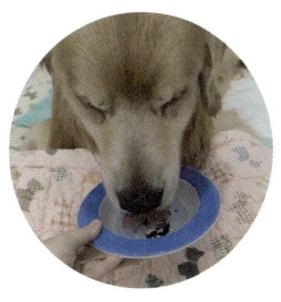

그때 동영상이 하나 도착했다. 마누가 몸을 움직여 물을 먹고 있었다. 상태가 빠르게 좋아지고 있고, 바이털 사인도 정상으로 돌아오고 있다는 소식이었다. 마누가 의지를 가지고 힘을 내고 있다. 아무리 힘들어도 내가 이렇게 무너져 있으면 안 된다. 숟가락을 들고 입에 음식을 넣었다. 모래를 한가득 먹는 것 같았다. 일정대로 첫 무대를 오르겠다고 말했다. 샤워를 하고 마지막 리허설을 위해 공연장으로 갔다. 다들 진심으로 걱정하면서도, 나를 말없이 믿어 주었다.

감사하게도 첫 공연을 무사히 마쳤다. 무대 위에서 한 대사들이 미래의 나에게, 또 우리 가족에게 하는 말들 같았다. 연극은 아버지를 잃고 남겨진 사람들의 이야기였다. 과학자와 짜장면 집 딸, 전혀 연관 없는 두 사람이 먼저 떠나보낸 아버지를 연

결 고리 삼아 소통하게 되면서 서로의 마음을 열어 가고 진심을 나눈다는 내용이었다. 대사 한마디 한마디가 아프게 다가왔다.

마누는 중환자실에서 집중 치료 중이었다. 외부인과 접촉은 금지되어 있었고, 하루에 두 번만 잠깐 면회할 수 있다고 했다. 당장이라도 달려가 보고 싶었지만, 아이가 우리를 보고 흥분하거나 몸을 일으켜선 안 됐다. 너무나 감사하게도 반려견 호텔 사장님인 청주 이모가 면회 시간마다 마누를 잠깐씩 만나 소식을 전해 주었다. 그렇게 일주일을 보내고 마누는 퇴원했다. 야위고 식욕도 없었지만 엄마 아빠를 보더니 좋아서 난리였다. 입맛이 하나도 없을 텐데 그래도 우리가 챙겨 간 맘마를 잘 먹어 주었다.

차에 태우고 집으로 가는 길. 달콤한 평안이 다시 찾아온 것 같았다. 차 뒷자리 카 시트에 엎드린 마누가 조용하고 편안하게 숨 쉬고 있었다. 다시 온전한 우리 셋, 완전체가 된 것이었다. 행복했다. 집으로 가자, 우리 마누.

이후 며칠간 나는 보양식을 만드느라 바빴다. 얼른 몸을 회복시키고 보양하는 데 무엇이 좋은지 수의사분들과 영양사분들에게 묻고, 자료를 찾았다. 좋은 식자재를 사 와 오리와 사골을 넣어 탕을 끓이고 채소도 넣어 부드럽게 스튜를 만들었다. 마누가 좋아하는 돼지고기 사태를 삶고 잘 찢어 조금씩 급여했다. 집에 돌아오니 마음이 편해졌는지, 마누는 고봉밥 먹듯 한

가득 먹기 시작했다. 하루가 다르게 생기를 되찾아 갔고 힘도 돌아왔다. 퇴원 직후엔 다리에 근육이 줄어서 쉬할 때 다리를 들면 후들거리기까지 했다. 하지만 며칠 잘 먹고 잘 자더니 빠졌던 몸무게도 서서히 다시 늘기 시작했다.

그러는 동안에도 내 정신은 오직 조직 검사 결과에 쏠려 있었다. 아무 일이 없겠지…… 생각하면서도 비장 파열의 원인이 암인 경우가 많다 보니 문제없다는 결과가 나오기만을 기도하고 있었다. 마음을 졸이고, 또 졸였다. 다행히 마누의 혈액 수치가 퇴원 후 일주일 만에 거의 정상으로 돌아오고 있었다. '암이라면 그러지는 않을 거야. 저렇게 튼튼하고 건강한 아이인데 암일 리가 없지.' 혼자 일방적으로 희망을 품고 인터넷에서 찾아본 사례 중에 희망적인 이야기들만을 떠올렸다.

마침내…… 청주 병원에서 연락이 왔다. 차분하고 담담한 목소리로 조직 검사의 결과를 이야기해 주셨다. "마누의 결과가 좋지 못하네요. 비장의 조직 일부가 손상되어 출혈이 생겼고, 그 원인은 혈관 육종이라는 암 때문인 것으로 판단됩니다. 머지않은 시간 내에 항암 치료를 시작할 것을 권해 드리며 앞으로의 기대 수명은 3개월에서 길면 6개월 정도로 예상할 수 있습……."

그 뒤로는 잘 들리지 않았다. 드라마에서 흔히 극적인 소식을 들을 때면 이렇게 연출하곤 한다. 좀 식상하다고까지 할 만한 장면일 것이다. 누군가가 쓰러졌거나 아프다는 소식을 듣게 되는 순간의 참담함을 보여 주려 애쓰던 장면들. 현실은 극의 장면보다 더했다. 극에 나오는 건 실은 참 친절한 장면들이었구나 깨닫게 되었다. 심장이 찢어지는 듯했다. 성경책에는 머리에 재를 뿌리고 옷을 찢으며 애통해한다는 표현이 있는데 그 말이 지금 내 모습에 더 걸맞은 것 같았다. 셰익스피어의 희곡 『템페스트』에서 억울하게 마법에 걸려 태풍 속에 놓인 프로스페로 같았다. 내게도 아주 거센 폭풍이 몰아치고 있었다. 부지불식간에 내 삶이 폭풍에 휩쓸려 있었다. 이제 겨우 여섯 살인데…… 암이라고? 죽음이 얼마 남지 않았다니…… 이게 무슨 말인가.

차마 눈물이 나오지도 못할 만큼, 내 속은 활화산처럼 들끓었고 다리에선 자꾸 힘이 빠졌다. 마음을 추스리는 데 시간이 필요했다. 우리 부부는 여전히 해맑은 얼굴의 마누 앞에서 겁먹은 표정을 짓지 않으려 애썼다. 마누는 워낙 감정을 잘 읽는 아이여서 엄마 아빠가 보이는 낯선 감정 기류를 파악하려고 계속 우리 얼굴을 쳐다보며 따라다녔다. '너에게 일어난 이 일을 어떻게 해야 할까. 믿을 수 없어…….' '이제 어떡해, 우리 마누 어떡해…….' 속으로 이런 말만 계속 맴돌았다.

그날 밤 나는 토사곽란으로 잠을 이루지 못했다. 공연 팀에 상황을 전하고 다른 캐스트의 양해를 얻어 며칠간 시간을 갖게 되었다. 무섭기만 한 이 상황에 대한 이야기를 어렵게 꺼내 마주 앉은 남편과 나는 마누의 치료 방향, 삶의 질을 위한 선택들 등을 놓고 다방면으로 상의했다. 내 마음은 여전히 부들부들 떨려서 쉽사리 진정이 되지 않았다. 그럼에도 마누를 위해 길을 내야 했다. 마누를 어떻게든 살려 내고 싶었다. 다시 예전의 마누로 되돌리고 싶었다. 모든 결정은 우리가, 보호자가, 엄마 아빠가 해야 하고 마누는 그저 그 결과를 따라야 하기 때문에 결정 하나하나, 선택 하나하나에 신중을 기하고 고심했다. 아무것도 모르는 마누는 참 잘도 잤다. 평안하게, 꿈도 꾸며 단잠을 자는…… 우리 마누.

양해를 구해 얻은 며칠의 시간 동안 항암 치료를 바로 시작했다. 지인인 수의사 삼촌을 통해 알아본 집 근처 병원에서 항암 프로토콜을 진행하기로 했다. 담당 주치의 선생님과 상의한 후 이후 과정에 대한

안내를 받았다. 앞으로 3주 간격으로 세포 독성 항암제를 주사하게 될 것이라고 했다. 매주 병원에서 혈액 검사로 수치를 확인하고 다음 단계를 결정하기로 했다.

마누는 평소에 38킬로그램을 유지했는데 수술 후 35킬로그램으로 빠졌다가 다시 회복기 동안 잘 먹고 쉬며 평소 몸무게로 돌아오고 있었다. 항암 치료로 독소루비신이라는 약물을 희석해서 주사하게 됐는데 육종, 림프 암 등에 널리 사용되는 화학 요법이었다. 마누는 뒷다리에 라인을 잡고 정맥 주사를 맞았다. 수술 이후 앞다리 혈관이 다 숨어 들어가서 양쪽 앞다리에서는 라인을 잡지 못했다. 그런 것까지도 너무 속상했다. 주사는 20분 이상 걸려 천천히 맞아야 했고, 맞는 동안 움직이지 않아야 해서 병원의 배려로 보호자가 함께 들어가서 아이를 진정시키기로 했다. 잘못해서 주사액이 새면 주변 조직이 괴사하기도 한다고 하니 마누가 움직이지 못하게 잘 누워 있도록 해야 했다.

마누는 주사 시간을 잘 견뎌 주었다. 가만히 있으라고 하면 또 그 수십 분을 잘도 참아 냈다. 너무나 대견하고 기특할 뿐이

었다. 내 강아지, 기특한 내 강아지. 왜 병원에 와야 하는지, 엄마 아빠가 자길 꼭 붙잡고 있는 동안 이 기분 나쁜 주사를 왜 맞아야 하는지 마누는 알 리가 없었다. 당연히 너무 싫었겠지. 미안해, 마누야, 너무 미안해! 아프게 해서 정말 미안해.

주사가 끝나고 호다닥 다시 일어난 마누가 밖으로 나가야 한다고 재촉해서 산책하러 나갔다. 나는 근심을 억누를 수가 없어서 남아서 주치의 선생님께 많은 질문을 하고 후유증 등에 관한 내용을 들었다. 마누의 항암 치료는…… 완치가 목적이 아니었다. 실상은 연명의 목적이 크다고 했다. 마누와 같이 비장 파열 후 진단된 암일 경우엔 아직 완치된 사례가 없었다. 그렇다면 좀 더 나은 삶을 위해서는 어떤 선택을 해야 할까? 마누를 위한 거라지만…… 병원 치료를 계속하는 게 나을지, 치료받는 스트레스 없이 남은 생을 편히 보내게 해 주는 게 나을지 고민이 깊어졌다. 아무리 고민을 거듭해 봐도 아픈 결론일 뿐이었다……. 아직은 너무 젊었다, 우리 마누는!

마누의 병명은 혈관 육종으로 혈관 내피세포에서 발견되는 악성 종양이었다. 혈관과 혈액 모두 암세포에 잠식되어 가며 예후가 아주 좋지 않은 암이었다. 인터넷을 검색해 보고 주치의가 추천한 논문도 살펴보며 예후를 파악했다. 아무리 뒤져 봐도⋯⋯ 긍정적이지 않았다. 원인은 무엇인지 아이를 살릴 방법은 무엇인지, 주치의 선생님은 물론 다른 전문의 선생님들께도 물으며 다방면으로 알아보았다. 정확한 원인은 알 수 없지만 대부분 유전적인 영향이 크다고 전해 들었다. 또한 아직까지 현대 의학으로는 치료의 방법이 없는 게 현실이라고도 했다. 그럼에도 우리는 병원에서 적극적으로 항암 치료도 받고 보조적인 요법과 생활 습관 개선 등으로 최선을 다해 보기로 했다. 아직 마누는 웃고 있고, 우리 곁에 씩씩하게 있었다. 앞으로 오직 마누만을 위한 여정을 함께하겠다고 우리 가족은 말없이 다짐했다.

다행스럽게도 항암제 후유증은 나타나지 않았다. 구토나 설사도 없고 기운이 없거나 처져 있지도 않았다. 밥도 잘 먹고 산책도 잘 해서 이젠 수영을 할 수 있을 만한 체력이 된 것 같았다. 몸무게도 평소와 같이 돌아왔다. 병원 측과 상의한 후 그렇게도 좋아하는 슝슝을 하러 갔다. 오랜만에 수영을 하러 간 마누는 물 만난 물고기가 따로 없었다. 어쩜 그렇게 수영을 좋아할까! 신나게 물놀이 한판을 즐기고 간만에 목욕과 미용도 했다. 항암 치료를 시작하면 털이 많이 빠진다던데, 마누는 그런 현상도 없었다. 여전히 윤기 흐르는 금빛 털이 풍성한 아이.

항암 치료가 이뤄지는 사이에, 나의 연극 공연은 어느새 마지막이 되었다. 내 상황이 어떻든 무대 위의 나는 배우로서 책임을 다해야 했고, 공연장을 찾아 주신 많은 관객분들과 무대에서 뜨겁게 만났다. 함께하는 배우들은 공연 기간 내내 나를 많이 아껴 주었다. 정말 감사했다. 공연을 마친 날은 항상 가슴 벅찬 감동을 안고 집으로 돌아왔다. 집에 오면 우리 집 커다란 아이가 동동동동 달려와 문 앞에서 신나게 맞아 줬다. 장난감을 입에 물고 와 엉덩이를 들이밀며 반갑다는 표현을 한껏 한 후 내 무릎에 한참을 앉아 있었다. 우리 둘은 오늘 공연이 어땠는지, 집에서 잘 지냈는지, 서로 안부를 물으며 다정한 시간을 보냈다.

그렇게 시간이 흘러 공연이 끝났다. 공허함이나 허탈해할 틈도 없이 우리는 귀한 시간을 신나게 보낼 계획을 짰다. 특별한 계획은 없었지만 늘 가던 속초 집에도 가고, 새로운 곳을 찾아 산책도 하고, 물론 수영도 하기로 했다. 병원 일정을 피해 마누가 에너지가 있을 때 즐거운 추억을 함께 많이 만들기로 했다. 한순간도 마누랑 떨어져 있고 싶지 않았다. 그러는 사이 차차 항암 치료 횟수가 늘어났다. 아직까지는 특별히 이상 징후나 아파하는 기색은 없었다. 나는 여전히 마누가 아프다는 게 실감 나지 않았다. 믿기지도 않았다. 아니, 그러기가 싫었다.

가을이 오고 있었다. 마누는 곧 일곱 살이 된다. 우리는 그동안 강원도에서 바다 수영도 하고 속초 친구들과 산책도 즐기며 별다른 일이 없는 것처럼 일상의 기쁨을 만끽했다. 마누도 컨디션이 좋았다. 그간 항암하면서 마누를 걱정해 주었던 지인 수의사분들이 강원도에 휴가차 오셨다가 마누를 보러 와 주시기도 했다. 마누 아버님은 어느 때보다도 더 열정적으로 사진 촬영에 몰두했다. 최대한 많은 순간을 기록하고 남기고 싶어 했다. 곧 다가올 일곱 살 생일엔 많은 친구들과 친구의 가족들과 큰 파티를 열어야겠다고 마음먹었다. 물론, 여덟 살 생일에도. 그때도 그렇게 하고 싶었다.

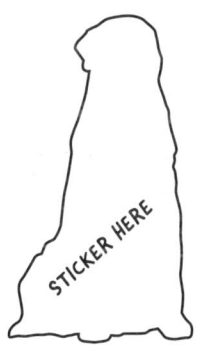

마누의 일곱 번째 생일날 큰 플래카드를 붙이고 풍선으로 장소를 꾸몄다. 친구들과 마누의 딸, 수의사 선생님들, 호텔 운영하는 청주 이모와 어릴 적 친구들이 다 모였다. 아이들과 공놀이도 하고 맛난 음식도 먹으며 마누는 내내 싱글벙글 즐거운 표정이었다. 모인 분들은 마누의 상  태를 걱정하며 오셨지만 예전과 다르지 않은 모습에 다들 놀라며 안도하셨다. 우리는 가까운 지인들과 한 번, 동네 리트리버 형님들과 한 번, 또 우리 세 식구끼리 한 번, 이렇게 총 세 번의 파티를 하며 생일 주간을 보냈다. 이 순간이 계속되면, 끝나지 않고 계속되면 얼마나 좋을까. 마누의 건강한 웃음과 기쁨에 차서 헉헉대는 요란한 호흡 소리가 너무 듣기 좋았다.

CHAPTER 03

항암제인 독소루비신은 지속적으로 투여할 수 없다는 단점이 있었다. 심장 손상을 유발하는 부작용이 있어서 마누에게는 5~6회 정도까지만 허용됐다. 4차 항암이 이루어졌다. 어느덧 발병 이후 3개월이 흘렀다. 혈액 검사도 바이털 사인도 모두 정상 범위 안에 있었다. 참으로 다행스러웠지만 불안함과 걱정을 떨칠 수는 없었다.

12월의 어느 날 반려 동물 문화 대상을 마누와 내가 받게 되어 시상식에 참가했다. 수의사 선생님들과 여러 업체와 기관이 참여하는 대규모 행사였다. 행사를 마치고 식사를 하고 있는데 마누가 조금 피곤해하는 기색이었다. 처음 눈을 껌벅일 때 이상했는데, 아무래도 어지러워서 그러는 것 같았다. 얼른 집으로 돌아왔다. 다음 날 병원에 알리고 예정보다 한 주 당겨 CT와 복부 초음파를 찍어 보기로 했다. 수술 이후 처음 하는 검사였다.

결과를 보니 복막에 작은 암들이 다발적으로 보였다. 전이가 일어나고 있었다. 시도할 수 있는 마지막 항암제일 독소루비신을 급하게 투여했다. 이제 효과를 기대할 수 있을까……. 생각하면 가슴이 무너졌다. 병원에서 하루 종일 힘든 치료와 검사를 마치고 녹초가 된 마누 강아지는 그럼에도 밥도 잘 먹고 힘을 다시 내 주었다.

며칠 뒤, 마누가 일어나지 못했다. 어지러운 듯 픽 주저앉더니 그 자리에 다시 누워 버렸다. 급하게 자리를 옮겨 눕히고 바이털 사인을 확인했다. 손발이 찼다. 체온이 떨어지고 눈동자에 힘이 풀리고 있었다. 아마도 마지막이 다가온 것 같았다. 나름으로 마음의 준비를 조금씩 해 왔다고 생각했지만 이렇게 갑작스레 마누가 떠날 것이라고는 전혀 생각하지 못했다. 나는 마음의 준비가 하나도 돼 있지 않은 것만 같았다.

급한 대로 가족들과 가까운 지인들에게 연락을 했다. 우리 부부만의 마누가 아니었다. 부모님과 식구들에게 먼저 알렸다. 마지막 인사를 나누기 위해 마누를 아끼는 이모 삼촌 들과 가족들이 전부 우리 집에 옹기종기 모였다. 먼 청주에서도 이모가 오셨고 늘 마누를 아껴 주셨던 김혜수 선배님도 오셨다. 갑자기 손님들이 많아지자 마누가 힘겹게 눈을 떴다. 그러더니 어렵게 몸을 일으켜 켄넬 안으로 들어갔다. '아, 움직이네……' 나는 닭가슴살을 부드럽게 삶아 주면 먹을까 싶어 좀 줘 봤다. 마누가 받아 먹었다. 이모들이 돌아 가며 재미있게 해 주면서 찢어 놓은 가슴살을 줬다. 마누는 곧잘 받아 먹었다. 그렇게 커다란 닭가슴살 두 덩이와 단백질 바를 먹고 나서 좀 기운을 차렸는지 거실을 오가며 손님들과 인사를 했다.

마누의 마지막은 아닌 것 같았다. 급히 오시느라 몸도 마음도 고생하셨을 분들이 혹여 황당하실까 싶어 엄마 아빠는 감사함과 미안함의 인사를 전해야 했다. 지금 와 생각해 보면 그때

그 일은 항암제의 첫 후유증 때문이었을 수도 있고, 마누가 우리에게 헤어짐을 연습할 기회를 줬던 것 같기도 하다.

또다시 마누가 기운을 냈다. 산책도 나갈 수 있었고 제법 길게 걷고 밥도 곧잘 먹었다. 이때부터는 입이 짧아져서 먹는 것에 더 신경을 썼다. 조금 먹더라도 질 좋은 단백질과 직접 만든 채소 효소를 퓌레로 만들어 암 환자용 사료와 같이 급여했다. 아이들이 아플 때 먹는 그런 처방식 사료들이 많이 있는데, 평소 사료를 많이 안 먹는 마누가 입맛이 돌아와 다시 사료를 먹기 시작했다. 체력을 떨어지지 않게 유지하는 게 중요하니, 뭐든 잘 먹는 걸로 줬다.

이젠 무엇을 하든 조심스러웠다. 그리고 정말 작별의 시간이 다가오는 것 같아 몹시 두려웠다. 마음이 급해졌다. 마누에게도 우리에게도 이 시간들을 충만하게 채우고 싶었다. 매일 밤 나는 마누에게 안수 기도를 하며 눈물과 간절함으로 살려 달라 매달렸다. 기적이라는 귀한 일이 우리에게 벌어지면 좋겠다는 절박한 마음으로, 내가 할 수 있는 건 그저 기도하고 또 기도하는 것뿐이었다.

마누는 다시 기력을 되찾았다. 좋아하는 사람들과 친구들을 더 자주 만났다. 실내 수영장에서 좋아하는 수영을 잠깐씩 하기도 했고, 새로운 장소로 산책도 많이 했다. 우리 부부의 양가 부모님들은 마누를 애처롭게 여기시며 마누가 좋아하는 맛있는 고기를 준비해 놓곤 하셨다. 처음 부모님 댁에 마누와 갔을 때, 부모님은 집 안에 강아지가 들어오는 것을 싫어하셨다. 어릴 적에 개한테 물린 기억이 있어서 개가 싫다 하셨다. 우리는 부모님 집에 갈 때마다 신발 신는 현관에 마누를 둬야 했다. 개는 마당에서 지내야 한다고 하셨다. 시간이 필요했다.

한 살 즈음부터는 아버님 어머님께서 간식을 주시며 마누를 쓰다듬기도 하시고 놀이도 해 주셨다. 마누의 영역이 점점 집 안으로 이동했다. 할머니가 요리할 때 옆에 꼼짝 않고 앉아 있으면 그런 마누가 너무 이뻐 보이신다고 고기 한 점, 계란 한 알을 내주셨다. 언젠가부턴 우리가 함께 와도 "마누 왔니?" 하고 인사하셨다. 우리는 부르지도 않으셨다. 이젠 마누가 갈 때마다 어머님은 좋은 고기를 따로 사 놓고 기다리셨다. "어머니, 오늘 고기 먹어요?" 하고 물으면 "아니, 마누 줄 건데?"라고 답하시곤 했다.

감사했다. 그렇게 사랑을 차츰 독식해 나간 녀석! 두 분은 간식을 서로 주겠다며 투닥거리셨다. 이렇게 할머니 할아버지의 사랑을 듬뿍 받던 녀석이라 아직도 그 집에 가면 응석받이 아기처럼 엉덩이를 부볐다. 나의 엄마 아빠도 마누 사랑이 대단하셨다. 우리 집 조카는 늘 뒷전으로 하실 정도였다. 엄마 아빠도 우리 가족이 갈 때면 마누 음식을 늘 따로 준비해 두셨다. 설 명절에 모두 모여 세배할 땐 마누 세뱃돈도 항상 챙겨 주셨다. 이렇게 마누를 더 없이 아끼던 가족들이기에 마누의 투병 생활은 모두에게 안타까움이고 아픔이었다.

눈이 내리기 시작했다. 올해 첫눈이었다. 크리스마스가 지나고 우리는 다시 속초로 떠나는 중이었다. 속초엔 벌써 여러 차례 대설이 내렸다고 했다. 차창 밖으로 하얀 우주의 시간이 흐르고 있었다. 시간은 너무나 빠르게 흘렀다. 청명한 하늘과 차갑게 맑은 공기가 머릿속을 정리해 줬다. 마누와 함께 걷는 산책길. 발걸음은 여전히 사뿐사뿐 싱글 스텝이다.

지난 몇 주간 마누 털이 많이 빠졌다. 몸무게도 줄고, 날렵하게 솟구치던 꼬리도 조금은 겸손해졌다. 늘 들르던 정자 앞에서 뛰어오르는 물고기를 구경하며 물멍을 했다. 단풍으로 색을 뽐내던 설악산 울산바위는 어느새 하얀 눈 옷을 입었다. 이 모든 시간의 흐름이 하나도 반갑지 않았다. 시간이 흐르면, 이별의 시간도 성큼 다가올 것이라는 생각에 무력해질 뿐이었다.

마누가 오고 나서 함께하는 일과는 우리에게 루틴이 되어 있었다. 추우나 더우나 산책하고, 함께 놀고, 좋은 곳을 찾아 다니며 즐거운 추억을 쌓았던 7년이 너무나 행복했기에 자꾸만 찡해지는 마음을 막을 수가 없었다. 이 당연하고 평범한 일상을 곧 함께할 수 없겠구나. 이 모든 것이 그리움으로 바뀔 수도 있다는 생각을 하면 눈물이 뚝뚝 떨어졌다. 그럼 마누가 또 내 얼굴을 살폈다. 그러고는 그러지 말라고 내 가슴 위로 앞다리를 들어 올라탔다. 말 한마디 없이도 묵직하게 느껴지는 마누의 언어였다. 얼른 잔뜩 흐린 얼굴을 지우고 나는 마누에게 웃음으로 답했다.

속초에서 돌아가는 날 우리만의 눈 놀이 장소에 들르기로 했다. 입김을 호호 불며 언덕을 올랐다. 눈이 많이 쌓여 발이 푹푹 빠졌다. 마누는 폴짝폴짝 뛰며 눈길을 헤쳐 나갔다. 아무도 없을 것 같던 그 길에서 마누 친구 리트리버를 우연히 만났다. 둘은 반가워하며 신나게 눈 위를 뛰고 달리며 산책을 즐겼다. 친구와 사진도 찍고 간식도 나눠 먹고, 우리도 신나게 뛰었다. 그것이 마누와의 마지막 속초 여행이었다.

마누는 저용량 항암제를 매일 먹으며 지내고 있었다. 이제는 병세가 호전되길 기대한다기보다 아프지 않고 매일을 잘 지냈으면 하는 바람이었다. 여러 보조제도 급여했는데, 강력한 항산화제와 지혈을 위한 약도 먹였다. 그렇게 한동안은 잘 유지되는 듯 보였다. 그런데 어느 날부터 마누의 배가 다시 불러 왔다. 복수가 아닌 피가 차는 것이었다. 복막의 다발성 종양들에서 출혈이 발생한 것 같다고 했다. 기력도 떨어지고 잘 일어나지도 못했다. 갑자기 컨디션이 뚝 떨어졌다.

헤모글로빈 수치가 너무 낮아져서 급하게 다시 수혈이 필요했다. 마누가 흔치 않은 혈액형이라 병원에도 그 혈액형의 혈액이 충분히 있진 않았다. 이 상황을 알고 유치원 친구들이 도움을 주기 위해 병원에 와 주었다. 수혈을 받는 것도 공혈을 하는 것도 참 어려운 일이었다. 우리 아이는 신선한 혈액을 공급받아서 좋았지만, 반응 검사 후에야 수혈이 진행될 수 있었고

부작용도 있었다. 달려와 준 아이들도 진정제를 투여한 뒤 천천히 공혈을 하고 수액을 맞아야 하는 고생을 감내해야 했다. 그렇게 고생하면서까지 귀하디귀한 시간과 피를 나눠 주는 게 너무나 감사할 따름이었다.

    수혈을 받은 뒤 마누는 다시 밥도 먹고 걸을 수도 있게 됐다. 그 뒤에도 마누의 친구 만두에게, 사촌 여동생 수지에게, 마누의 자식인 마레와 리오에게서 수혈을 받았다. 수혈은 다섯 시간 이상이 걸렸고, 어지러워 일어나지도 못하는 마누는 자꾸만 자기 손을 잡아 주라며 내게 손을 뻗었다. 수혈하는 동안 내내 옆에서 마누를 지키다 안정이 되어야 잠깐씩 빠져나올 수 있었다. 혼자 병원에 두는 시간조차 아까웠다. 아프고서 엄마 껌딱지가 되어 요구도 많아졌다.

    나 역시도 불안이 커져서 좀처럼 떨어져 있질 못했다. 수혈이 여러 번 반복되면서 점점 부작용도 심해졌다. 잠도 못 들고 헥헥거리며 고통스러워했다. 수혈의 효과가 지속되는 기간은 점점 짧아졌고, 기력은 갈수록 떨어져 갔다. 혈복이 늘어나 배가 더 불룩해져 갔다. 이제 우리에게 남은 시간이 얼마 없다는 것을 직감할 수 있었다. 어느 순간부터 그렇게 잘 웃던 우리 마누의 미소는 온데간데 찾아볼 수 없게 됐다. 그저 입을 꾹 다물고 핼쑥해진 모습으로 엄마만 바라본다.

걱정되셔서 마누 보러 어머님이 잠시 왔다 가셨다. 돌아가시는 길에는 이렇게 말씀하셨다. "마누한테 많이 배우고 간다. 죽음 앞에서 저렇게 의연하다니 나도 배운다. 안쓰럽고…… 참 기특하네." 정말로 기특했다. 어머님 말씀처럼 잘 버텨 주고 있는 우리 마누가 더 애잔하고 소중하게 느껴졌다. 나의 기도도 바뀌고 있었다. '제발…… 마누가 아프지 않게 해 주세요. 오래 아프지 않게 평안히 데려가 주세요. 평화롭게 잠들게 해 주세요.' 아픈 기도가 입술에서 고백처럼 흘러나왔다.

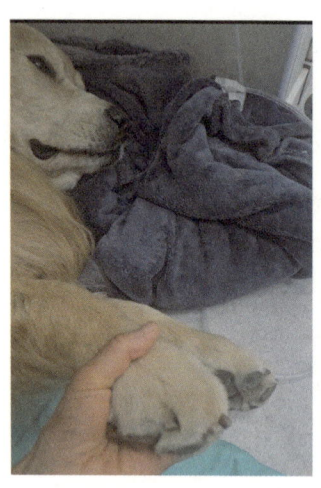
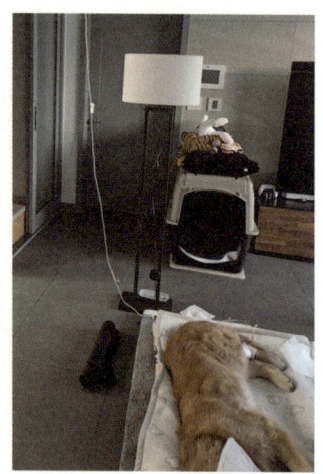

어느 날 아침. 갑자기 마누가 일어나 걸었다. '대체 무슨 일이지?' 하는 생각이 들었다. 몸이 가려웠는지 여기저기 긁었다. 매주 수영을 하고 목욕을 했었다 보니 찝찝할 것도 같았다. "마누야 목욕할까?" 목욕탕 앞에 마누가 섰다. 욕조에 따뜻하게 물을 받고 목욕을 시켰다. 땀인지 눈물인지 내 얼굴에도 물방울이 흥건했다. 마지막 목욕이 될 것만 같았다. 더 부드럽게 몸을 만지고 마누가 스트레스받지 않도록 최선을 다해 정성껏 씻겼다. 얼른 목욕을 마치고 재빠르게 말렸다. 아이가 힘들까 봐 서둘렀다.

햇살이 좋은 날이었다. 털을 말리는 동안 마누는 미용 테이블 위에서 한 번도 주저앉지 않았다. 머리를 내 몸에 밀착시키고 날 의지했다. 발톱도 자르고 동그랗게 발 미용도 간단히 해 주었다. 여전히 금빛으로 반짝거리는 털. 우리 마누의 모습은 내겐 언제나 가장 아름다웠다. '사랑해, 내 새끼……. 앞으로도 엄마가 늘 목욕시켜 주고 미용도 해 주고 마사지도 해 주고 그러고 싶은데……. 넌 최선을 다했어. 힘내 줘서 고마워, 너무 고마워.'

마누는 그날 반짝 힘을 냈다. 저녁에 밥을 조금 먹고, 산책을 길게 했다. 잘 걷지도 못했는데……. 그날따라 큰길 건너 동네 리트리버 형아들과 자주 만나는 곳에 가겠다고 했다. 그런데 형아들이 산책 시간이 아닌데도 우연히 나왔다가 마주치게 됐다. 마누가 제일 좋아하는 형아들과 이모들! 반갑게 서로 냄새도 맡고 뽀뽀도 해 줬다. 마누가 영영 떠나기 바로 전날이었다.

다음 날. 오후에 마누가 스스로 배변을 하고 들어온 지 얼마 지나지 않아 통증이 찾아왔다. 극심한 통증 같아 보였다. 그러더니 쇼크로 정신을 잃었다. 당황했지만, 남편과 나 그리고 마침 우리 집에 와 계셨던 수의사 삼촌 셋은 빠르게 고민하고 상의했다. 마지막이 오면 집에서 보내기로 마음먹고 있었는데, 통증이 점점 심해지고 정신을 잃는 일이 반복되자 병원으로 이송하기로 했다. 호흡 곤란이 오더니 코마 상태가 되었다. 어떻게든 마누가 더 이상 고통스럽지 않도록 해 줬으면 하는 것이 우리의 마음이었다.

마지막 인사를 해야 했다. 늘 두렵게 예감하던 대로 갑작스럽게 닥친 이별이었다. 이런 순간을 상상도 해 보았고, 준비도 하고 있었다 생각했지만…… 그래도 마지막은 싫었다. 정말 정말 싫었다.

"아니야, 그럴 수 없어……. 우린 다시 만나야 해." 눈물을 참을 수 없었지만 마지막으로 청각이 사라지는 순간에 우는 목소리를 마누에게 남기고 싶지 않았다. 마누가 무서워할 것 같았다. 평소에도 엄마가 우는 걸 누구보다 싫어한 마누였으니까.

"사랑하는 우리 마누야~ 아무 걱정 하지 마. 엄마랑 아빠랑 마누랑 금방 다시 만날 거야. 눈 뜨면 하나님이 새로운 곳에서 마누를 맞이해 주실 거야. 거기서 신나게 놀고 있어~. 좋아하는 슝슝도 많이 하고 공놀이도 많이 하고 친구들하고 재밌게 보내고 있어. 엄마 아빠는 괜찮아. 잘했어, 정말 잘했어. 사랑해, 정

말 사랑해……." 또박또박 웃으며 마누가 좋아하는 톤으로 말해 주었다. 슬픔은 나중으로 미루고 우리 마누가 편안하고 행복하게 눈감을 수 있길 바랐다.

"안녕, 내 사랑!"
밝게 웃으면서 인사했다.

마누가 떠났다. 한 생명이 숨을 멈췄다. 언젠간 떠나가야 한다는 섭리에서 자유로울 수 있는 생명체는 하나도 없지만, 자연의 섭리를 받아들이는 일이 하나도 자연스럽게 느껴지지 않았다. 너무나 아프고 슬프고 애통했다. 마누의 죽음으로 나의 죽음을 경험하는 것 같았다. 모든 게 끝난 것 같았다. 그러면서도, 더 이상 아프지 않을 마누를 생각하니 묘한 안도감과 평안이 느껴졌다. 얼얼한 심경으로 마누를 집으로 데리고 온 후 같이 밤을 보냈다.

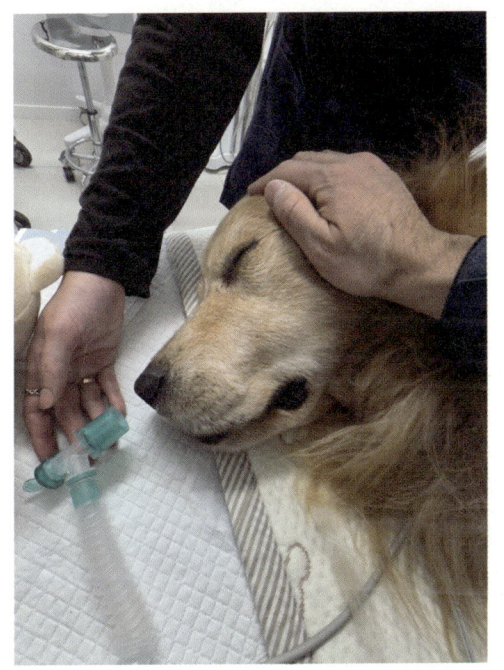

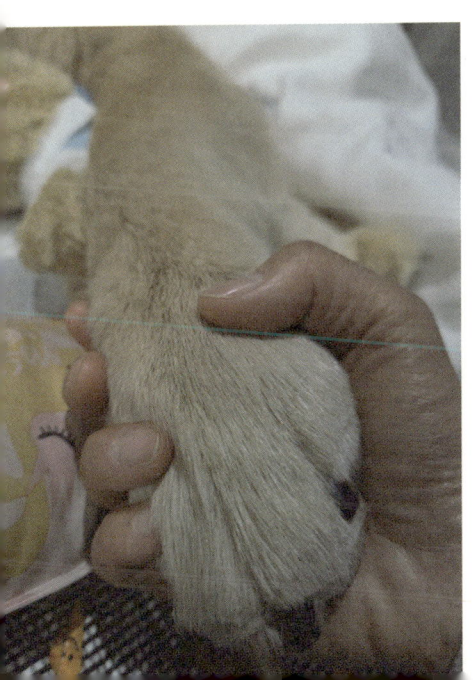

2월의 마지막 날이었다. 우리 아들 마누는 이미 천국에 도착해서 또 헉헉거리며 전력으로 뛰어다니고 있을 것이다. 침대에 누웠는데 거실에 혼자 그대로 누워 있을 마누가 생각나 거실로 나와 옆에 같이 누웠다. 잠이 오질 않았다. 그간 마누의 작은 뒤척임에도 얼른 뛰어나와 자세를 바꿔 주곤 했는데, 그 어떤 소리도 나지 않는 우리 집 거실이 생경했다. 마누의 모습을 오래오래 나라는 존재에 각인하고 싶었다.

나의 행복 에너지 마누!
너무 고맙고 사랑할 뿐이야.

마누는 발병하고도 6개월을 잘 버텨 주었다. 6개월이 다 되도록 큰 어려움 없이 지내다 마지막 2주간 고생했다. 지난 6개월을 우리는 내일이 없는 것처럼 보냈다. 많은 사람들과 친구들을 만나 즐거움을 누리고 헤어짐을 연습했다. 짧은 기간이었지만 마누가 우리 곁에서 회복해서 함께 지낼 수 있는 시간을 벌어 주었다. 덕분에 우리 가족은 더 진하게 진정으로 사랑을 나눴다. 죽음 앞에선 모든 순간이 소중했다.

미리 알아봐 둔 장례식장에서 장례를 치뤘다. 대형견은 화장도 쉽지 않아 그럴 수 있는 시설을 갖춘 곳을 잘 알아봐야 했다. 장례식장엔 유례없이 많은 분들이 다녀가셨다. 우리에게 마누가 어떤 의미인지 아시는 분들의 눈물 어린 위로와 사랑 속에서 꽃과 함께 마누를 보냈다.

마누의 자취가 온전히 그대로 남아 있는 우리의 집. 덩그러니 남겨진 우리 둘은 쓸쓸했다. 마누의 밥그릇조차 차마 건드릴 수가 없었다. 알맹이가 빠져 버린 껍데기처럼 우린 한동안 멈춰 버렸다. 기쁜 일도 좋은 일도 다 사라진 듯했다. 마누가 떠난 다음 주부터 나는 영화 홍보로 바빠졌다. 제작 보고회와 시사회를 했고 많은 분들로부터 축하 인사도 받았다. 관객 수도 늘고 있었고 영화평도 좋았다. 나의 일로 돌아가 여러 감정들을 쏟아냈지만 집으로 돌아올 때면 어김없이 우울함과 슬픔이 뒤따랐다. 집에 들어오는데 맞이해 주는 마누가 없다는 것이, 방문을 뻥 차고 들어오는 마누가 없다는 것이, 마누를 위한

맘마를 차릴 수 없다는 것이, 그 모든 것이 어색해서 나는 멍하니 멈춰 버리곤 했다.

마누가 혈복으로 복수가 차서 힘들어할 때 괴로움을 덜어주고 싶어 알아보던 중 한 대학 병원 교수님과 연이 닿은 적이 있었다. 그땐 이미 마누의 상태가 위중해서 치료는 어려웠지만, 마누가 떠나고 나서 조용히 상담을 요청드렸다.

나의 이야기를 처음으로 꺼냈다. 나의 이야기가 마누의 이야기다. 우리는 가족으로서 누구보다 서로 깊이 교감하고 있다고 믿었다. 하지만 그 모든 것이 멈추어 버리면서 다른 것들도 모두 멈췄다. 아무것도 정리할 수가 없었다.

"마누가 정말 행복했네요. 마지막까지 그랬군요." 나는 마누의 질병에 관한 여전한 궁금증과 죽음에 관한 것들, 또 엄마로서 드는 죄책감과 미안한 마음들을 토로했다.

'그랬을까? 마누가 행복했을까? 엄마 아빠랑 좋았을까? 정말 그랬으면 좋겠다' 하는 마음들. 모든 게 아쉬울 뿐이었고 내 책임 같았다. 동물 응급 의학과 교수님과의 대화를 통해서 나는 마누와의 7년이 의미 있는 시간으로 꽉 채워졌다는 생각을 더 강하게 하게 되었다. 그 시간은 일종의 펫 로스 상담이 되었는데, 앞으로 어떤 마음을 가지고 일상으로 돌아와야 하는지 생각하게 된 계기가 되어 주었다.

그럼에도 현실의 나는 여전히 정처 없이 부유하고 있었다. 심장은 아무 때나 두근거리고, 잠도 못 자고 불안감이 지속됐다. 성대에는 폴립이 생겨 목소리도 잘 나오지 않았다. 나의 몸도 마음도 나만의 시간과 고요한 침묵이 필요했다. 그렇게 나는 혼자 속초로 떠났다.

마누와의 이야기를 책으로 써 보기로 했다. 태어난 지 두 달 만에 우리에게 와서 하늘로 돌아가기까지, 치열하고 충만했던 7년이었다. 하루하루 마누 때문에 즐거웠던 우리 가족. 강아지의 생이 짧은 걸 알았지만 생각했던 것보다 훨씬 짧았던 우리 마누와의 동행. 그 이야기를 기록하고 나누어 보기로 용기를 냈다.

남편은 전시회 준비에 몰두했다. 사진을 고르고 보정하는 작업은 곧 마누와의 친밀했던 추억을 꺼내고 마주하는 일이었다. 지금같이 힘든 심경에는 참 가혹한 일로 보였다. 하지만 마누를 위해 털 한 올 한 올 정성껏 색을 칠하고 보정 작업을 하는 걸 보고 나도 힘을 내 보기로 했다.

우두커니 마누와 왔던 자리에 홀로 섰다. 같이 러닝을 하고 숨 돌리며, 사계절을 즐기던 우리만의 포토 스폿! 마누는 강에서 뛰어오르는 물고기를 보며 물멍을 즐겼고, 나는 그런 마누가 마냥 이뻐서 한참을 앉아 있던 곳이었다. 이렇게 봄이 왔는데……. 벚꽃이 눈처럼 흩날렸다. '마누야…… 어딨어?' 결국 내 속이 터졌다. 눈물과 소리를 참지 못하고 꺽꺽 울어 댔다. 나에게 마누가 없다는 게 실감이 났다. 이제야 정말 다 버리고 슬퍼하고 있었다.

아프다……. 너무 슬프다. 온전히 마누를 마주하는 그 시간이 아프지만 좋다. 외면하고 싶었지만, 나의 상처를 들여다본다. 나도 나를 가엽게 여겨 본다. 죽음이 가져다준 공포와 의미들. 소중했던 시간들을 하나하나 떠올린다.

생각해 보면 마누는 한순간도 죽음이라는 것을 묵상하거나 고민하며 살지 않았을 것이다. 그저 매 순간을 존재를 던져 살아 냈을 것이다. 그것도 최선을 다해 즐겁게……! 그의 죽음 앞에서 오직 인간만이 수많은 고민과 고통의 마음으로 몸부림 칠 뿐. 아직도 마누에게서 많은 걸 배운다. 나도 지금의 현실에서 회피하지 않고 나를 던지며 살겠다고, 마누에게서 배운 대로 하겠다고 다짐한다.

우리가 함께했던 장소들을 걸었다. 혼자 뛰어 보기도 했다. 온통 마누와의 추억들뿐이어서 걸음걸음이 아프고 힘들었지만, 내 안에 마누를 다시 그려 넣기 시작했다. 그리고 조금씩 다시 미소 지었다.

남편이 열심으로 찍었던 사진들은 소중했던 우리의 일상의 기록이자 순간을 담은 작품이 되어 전시회에 걸렸다. 오프닝 날에는 많은 분들이 함께해 주셨다. 생각보다 큰 행사가 되었다. 언론의 관심도 받으며 여러 지인들의 도움으로 전시회가 시작됐다. 전시회는 자연스럽게 추모의 장이 되었다. 전시는 마누만을 위한 추모가 아닌, 다른 반려 아이들의 가족분들과 아이들을 먼저 떠나보낸 분들과 공감을 나누는 자리였다. 때론 주저앉아 나처럼 엉엉 울던 분들도 있었다. 20년 가까이를 함께 지내다 보내도, 아이들은 여전히 어린 아기 같았고, 내 아들, 딸, 가슴에 묻을 아픔들이었다. 어디 가서 이 슬픔을 나눌 곳이 없었다고 호소하는 분들도 계셨다.

나는 우리 마누만 알았는데……. 나는 강아지를 사랑한 게 아니라 마누를 사랑했다고 생각했는데, 이 세상 많은 반려 가족들의 이야기를 통해서 다른 아이들의 삶이 생생하게 느껴졌다. 사랑을 받으며 교감하고 자기 가족들과 비슷하게 변화하기까지 하는 이 존재. 나만 믿어 주고 의지하며 사랑을 주었던 아이들. 그들의 이야기가 곧 마누 이야기가 되었다. 공감과 위로로 가득 채워진 전시장은 시간이 흐를수록 내게 힘이 되어 주었다. 생명의 소중함과 특별함을 다시 체득하는 시간이었다.

아파서 떠난 아이들이 너무 많았다. 우리 마누처럼 조금 일찍 암에 걸리거나 암이 아닌 다른 질병으로 고통받는 아이들이 눈에 들어왔다. 의료 기관에서 정기적으로 검사를 받았어도 막을 수는 없었다. 반려 인구가 약 1500만 명이 넘어가는 시대라는데 국가 차원에서도 아이들도 엄연한 한 가족임을 인정해 주고 잘 보살필 수 있도록 관련 정책들이 늘어나길 기대해 본다.

우리에겐 더없이 귀한 가족이었다. 누군가는 '가장 인간적인 행위는 강아지를 사랑하는 것'이라고 했다. 마누를 아들, 내 새끼로 부르는 것은 우리의 관계를 들여다보면 지나친 것이 아니었다. 인간과는 다른 존재지만 아기 때부터 돌보고 보살피는 과정을 통해 사람이 줄 수 없는 사랑과 교감을 선물받았으니까. 우리 가족뿐 아니라 다른 가족들과도 유대를 맺고 예의와 질서를 배웠다. 마누로 인해 내가 더 인간다워졌다. 무한히 고마운 우리 마누. 그런 마누가 나는 아직 매 순간 보고 싶다.

마누에게서 받은 거대한 사랑을 나는 소중히 지니고 있다. 그리고 순리대로 잘 흘려보내고 싶다. 언젠가는 우리가 다시 만나 신나게 공놀이하고 멋지게 수영하며 즐거워할 것이다. 그 순간을 고대하며 살아야겠다.

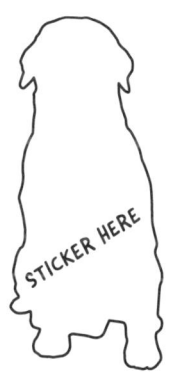

엄마 사랑 아빠 사랑 김마누에게

매일매일 한순간도 널 잊을 수 없어, 마누야.

단 한 번만이라도 다시 너의 눈을 바라볼 수 있다면 얼마나 좋을까. 너의 미소에 답해 줄 수 있다면 얼마나 좋을까. 평범하고 지루한 일상을 함께 보낼 수 있다면 얼마나 좋을까.

너무나…… 보고 싶을 뿐이야.

그래도 우리 마누는 정말 잘했어. 아픈 것도 너무 잘 견뎌 주고 엄마 아빠 믿어 주고 끝까지 우리 마누가 정말 대견하게 잘했어. 이젠 아픔 없는 하늘나라에서 즐겁게 신나게 친구들이랑 보내고 있어~.

엄마랑 아빠가 그곳에 가면 제일 먼저 만나, 꼭!

엄마는 언제나 마누 때문에 너무나 행복했어.

늘 네가 너무 자랑스러웠어.

널 떠나보내는 게 이렇게 힘들고 어려울 줄 몰랐어.

너에 대한 그리움이 갑자기 나를 무너뜨리곤 하지만,

마누가 엄마에게 준 큰 사랑과 에너지를 잘 기억할게.

힘을 내 볼게.

미안해 우리 아들, 고마워 우리 아들.

영원히 널 사랑해.

엄마가

EPILOGUE

골든리트리버(일명 골댕이)는 장모의 금빛 털이 아름다울 뿐
아니라, 성품이 온순하고 사람과 더불어 교감을 정말 잘하는
아이들인 것 같다. 하지만 그것도 교육을 잘 받고 애정도 듬뿍 받은
아이들이어야 그렇다. 기본적으로 리트리버는 대형견이고, 힘이
세고 싸움도 잘한다. 큰 머리와 큰 턱을 가졌기 때문에 어느 아이든
공격성을 보일 수 있다. 그래서 몸집이 작은 어린 시절부터 잘
훈육해야 한다. 차분해지는 서너 살까지는 오락가락 망나니 세월을
거쳐야 한다. 몸은 크는데 두뇌가 발맞춰 자라지 않기 때문에 아이
스스로도 혼란스러워한다. 우리의 사춘기와 비슷한 시절이다.
그때는 사랑으로 바라보며 무한 반복 학습을 하는 수밖엔 답이
없다. 물론 아이마다 개체별로 차이는 있다.

그럼에도 대형견 골댕이들의 매력은 무한하다. 특히 그 미소는
세상 그 어떤 것과도 바꿀 수 없는 치유제이다. 골댕이들이 보여
주는 보호자에 대한 무한 신뢰와 무한 사랑을 한번 경험하고 나면,
그야말로 빠져나올 수 없다. 사랑덩어리 존재들. 어디든 함께하고
싶고, 세상 제일 좋은 것을 채워 주어도 부족하다. 가족이며
자식이니 당연한 얘기지만. 대형견 아이들을 포함해 강아지들이 갈
수 있는 애견 동반 시설이나 장소가 점차 늘어나고 있는 요즘이다.
최근엔 식당과 카페에도 함께 동반할 수 있도록 법도 바뀌고 있다.
이럴 때일수록 더욱 에티켓이 중요하다. 반려인이든 비반려인이든
서로 불편함이 없어야 한다. 서로에게 폐가 되지 않도록 배려하는
문화가 많이 퍼지고 발전했으면 좋겠다. 아직은 반려인들에게

제약도 불편함도 적지 않지만 반려 인구가 늘어남에 따라 앞으로는 어디든 함께할 수 있도록 여건이 더욱 잘 갖춰지게 될 것이다. 이렇게 제도가 잘 자리 잡으려면 질서 의식도 함께 발전되어야 한다. 우리 반려인들의 불편함만을 주장하기에 앞서 나와 아이들의 예의도 함께 발전시키면 좋겠다는 바람이다.

 우리나라에서는 여전히 형편과 상황에 맞는 트레이너를 찾기도 어렵고, 또 비용 면에서도 부담이 큰 것이 사실이다. 유럽에 갔을 때 놀라웠던 것은 대부분의 반려 아이들이 흥분도가 낮다는 점이었다. 목줄을 하는 게 원칙이지만 목줄을 안 해도 보호자에게서 눈을 떼지 않는다. 어떤 연세가 있어 보이는 어르신이 공원에서 친구분과 천천히 걷는 모습을 본 적이 있다. 그 뒤로 목줄도 안 한 이탈리안그레이하운드가 어르신의 발걸음 속도에 맞춰 조용하고 평화롭게 걷고 있었다. 주변 잔디 공원에는 놀고 있는 오프리시 아이들도 많았는데 눈길도 안 주고 잘 따라가는 광경이 인상적이었다. 공원에 나온 아이들은 동네 커뮤니티를 통해 강아지들과 어울리고 있었고, 보호자들은 아이들을 키우는 데 필요한 정보와 교육법 등을 쉽게 얻을 수 있었다. 가까이에서 서로 돕고, 배움을 통해 아이들을 잘 보살피고 책임 있게 다루는 법을 터득한다고 했다. 선순환의 그 문화가 참 부러웠다. 자율성을 인정하면서도 책임감 있게 아이들을 보살피는 문화가 우리에게도 필요한 것 같았다. 이토록 반려 아이들과 살고 있는 인구가 늘어가는데 우리나라에도 곧 그런 기반과 문화가 만들어지지 않을까 기대한다.

마누가 아프면서 커다란 도움과 사랑을 많이 받았다. 이 기회를 빌려 감사한 분들께 인사드리고 싶다.

마누가 아파하던 모든 순간에 함께해 주고 위기 때마다 큰 위로가 되었던 수의사 삼촌 심용희 원장님,

끝까지 마누의 치료를 전담해 주시고 전력으로 방안을 모색해 주셨던 주치의 fm동물병원 곽지훈 원장님과 수의사 선생님들 그리고 간호사 선생님들,

늘 따뜻한 말씀으로 치료에 아낌없이 조언해 주셨던 종양 전문의 Dr. Kim Hillers 선생님,

첫 수술을 잘해 주셔서 마누가 회복할 수 있도록 힘써 주신 청주 고려동물메디컬센터 의료진 선생님들,

마지막 치료를 도와주시려고 자가 수혈까지 생각해 주시고 나의 마음까지 돌봐 주신 건국대학교 부속 동물 병원 응급 중환자 의학과 한현정 교수님,

투병 중에 보조할 수 있는 방법을 늘 제시해 주신 유한양행 안성은 수의사님,

마누가 힘이 떨어질세라 같은 반려 가족으로서 세심하게 대해 주신 이영원 수의사님,

모두 소중한 도움과 마음을 건네주신 데 진심을 다해 감사드립니다!

마누에게 귀한 혈액을 나눠 주었던 마누 딸 마레, 마누 아들 리오 그리고 사촌 동생 수지와 친구 만두, 너무 고마워요.

응급한 순간에 병원으로 잘 이송해서 위기를 넘기게 해 주었던 **38.5**독 사장님들과 가족분들, 마누를 진심으로 자기 아이처럼 아껴 주고, 발 벗고 제일 먼저 와 주었던 마누의 최애 이모 시온 이모, 고맙습니다.

마누에게 보양식을 늘 챙겨 주시던 이웃 장어집 이모, 늘 감사했어요.

마음이 어려워 약해져 있을 때 어김없이 기도와 마음을 다해 절 붙들어 주신 쿠키네 가족과 언니, 정말 큰 힘이 되었습니다,

전시회 기획와 실현을 도와주시고 힘써 주신 자매의부엌 어수영 대표님, 진심 다해 감사드립니다.

마누가 아프다는 소식을 듣고 여러 번 집으로 찾아와 위로와 사랑을 듬뿍 주신 사랑하는 김혜수 선배님, 정말 감사합니다.

나의 가장 위급한 순간순간에 조용히 버팀목이 되어 준 친구 박효주 배우, 정말 빚진 게 많아요, 고마워요.

그 밖의 나의 따뜻하고 소중한 가족들과 이웃들, 모두에게 감사를 표하며 은혜받은 마음을 전합니다.

고맙습니다.

우리의 추억을 멋지게 사진으로 담아내 준 마누 아빠에게 특별한 감사와 마음을 글로 전합니다. 고마워요.

2025년 10월

문정희

추천의 말

책을 덮고 먹먹한 기분에 한참을 멍하니 있었습니다. 유쾌하고 코믹했던 어린 시절을 지나 죽음을 마주하면서도 소중하게 지냈던 마지막까지, 매 순간이 코끝 찡한 감동으로 다가오는 건 마누의 병 때문도 아니고, 그 슬픈 결말을 알아서도 아닙니다. 그저, 작고 소중했던 한 강아지가 생애에 걸쳐 어떤 사랑을 받았는지를, 개와 사람이라는 종의 차이를 떠나 가족이 서로에게 가질 수 있는 최고의 가치, 최고의 사랑을 경험할 수 있기 때문인 것 같습니다. 대학 동물 병원에서 일하면서, 무수히 많은 이별을 봐 왔습니다. 모두의 공통점은 무슨 상황이든 그 중심에는 가족이 있다는 것이었습니다. 말하지 않아도 눈빛만 봐도 통하는 그들의 교감. 그 앞에서 종의 차이가 무엇이 중요할까요. 글에서 진심이, 마누 가족이 서로를 얼마나 의지하고 사랑하는지 느껴져서 슬프지만 흐뭇했습니다. 넘치는 사랑과 애정으로 최고의 삶을 살다 간 마누와 가족들의 이야기. 이미 반려 동물을 키우시는 가족들도, 반려 동물이 없는 가족들도, 모두가 꼭 읽고 경험해 보셨으면 좋겠습니다.

— 건국대학교 부속 동물 병원
응급 중환자 의학과 교수 한현정

마누의 이야기를 읽으며, 암으로 떠나보낸 제 많은 환자들이 생각나 눈물을 참을 수가 없었습니다. 암이라는 악귀와 맹렬히 싸우는 아이들, 애끓는 심정으로 곁을 지키는 보호자님들, 그리고 함께 싸우는 의료진들. 이 책은 그 모두를 위한 따뜻한 위로이자, 현실을 향한 진솔한 외침입니다. 반려 동물의 암 치료는 사람과 비교해 15년이라는 깊은 격차가 있고, 그마저도 국내에서는 '경제 논리'의 벽에 막혀 쓸 수 없는 약들이 대부분입니다. 수의사로서 약을 구하지 못해 생명의 손을 놓아야 할 때의 허탈함은 무엇과도 비할 수 없습니다. 문정희 배우님과 마누가 함께한 사랑의 기록이 더 많은 분들의 마음에 닿아, 암으로 고통받는 우리 아이들이 더 좋은 치료를 받을 수 있는 희망의 불씨가 되기를 간절히 소망합니다.

— 에스동물암센터 대표 원장 허찬

이 이야기는 배우 문정희의 가족 탄생기이며, 처음 만나서 이별할 때까지의 모든 순간이다. 반려인들이라면 진실의 문장들에 페이지가 급할 것이고, 경험이 없는 분들이라도 진심의 문장에 꼼꼼히 읽힐 이야기들이다. 간혹 무대 밖의 문정희에게 놀랄 때가 있다. 자식 이야기를 할 때 세상 모든 부모는 주연이 될 수 없듯 그런 엄마의 마음이 그녀의 문장 곳곳에 드러난다. 이 글은 배우가 쓴 게 아니라 엄마가 쓴 것이다.

 몇 번을 읽었다. 언제나 씩씩하고 발랄한 좌충우돌, 진지한 기쁨과 이별 후에 밀려드는 그 모든 것까지 안고 떠난 마누를 끝내 행복한 얼굴로 여기, 우리 앞에 남겨 놓았다. 슬픔의 시간은 앞으로도 오래오래 지속될 것이다. 그러나 사랑하는 존재의 이름을 부르는 힘이 남아 있는 한, 각자의 마음속 가장 안쪽에 남아 있을 것이다. 『마누 이야기』가 세상 어디에도 없는 사람과 개에 관한 특별한 이야기가 아니라, 오히려 누구나 만들어 갈 수 있는 사람과 사람의 평범한 이야기로 읽혔으면 좋겠다. 서로 다른 감정이나 언어로 잠시 위로하다 이별하고 마는 것이 아니라, 함께한 모든 시간 동안 좋은 경험이었으면 한다.

— 여행 작가 변종모

문정희 배우님과 마누의 일상과 마지막 순간을 담은 이 책은 슬픔을 감싸 안으며 따뜻한 위안을 전해 줍니다. 하늘로 간 작은 영혼이 남긴 흔적이 마음을 부드럽게 어루만져 줍니다!

— 놀로 행동클리닉 원장 설채현

반려(伴侶)란 함께 삶을 사는 짝, 인생의 동반자를 말합니다. 마누는 그 '반려'의 의미를 온전히 보여 줬던 존재입니다. 마누의 발자국이 남겨 온 찬란하고 소중한 사랑의 기록을 통해 강아지를 키우는 분들뿐 아니라, 진정한 동행의 가치를 알고 싶은 모든 이들에게 이 책을 권합니다.

— 배우 박효주

이 책은 문정희 배우 부부가 우연한 계기로 키우게 된 반려견 마누와의 만남부터 이별까지를 다루는 책입니다. 책을 읽다 보면 어느샌가 미소를 지으면서, 때로는 눈물을 훔치면서 책장을 넘기는 나를 발견할 수 있습니다. 마누를 양육하면서 모든 생활 방식과 습관을 마누에게 맞춘 부부의 모습을 보며, 반려 동물이 우리에게 어떤 의미인지 다시금 생각해 보게 됩니다. 마누와의 시간은 아쉽게 끝났지만, 마누가 부부에게 전달한 사랑이 이 책을 통해 다시 다른 사람에게로 퍼져 나가는 것 같습니다. 반려견을 양육 중인 분들은 큰 공감과 위로를 받을 수 있고, 반려견 양육을 고민 중인 분들은 현실적인 조언을 얻을 수 있을 겁니다. 또한, 동물을 사랑하고 좋아하는 모든 분들이 감동적으로 읽을 수 있는 책입니다.

― 쓰는 수의사, 데일리벳 대표 이학범

13년 전 나는 열두 살이었던 첫 강아지를 보내고 한 달 동안 집 밖으로 나오지 못했습니다. 함께 걸었던 골목, 숨 쉬던 공기, 올려다보던 하늘도 그저 고통이었으니까요. 마누를 보내고 책을 써 보려 한다는 이야기를 들었을 때 내심 걱정했더랬습니다. 한 자 한 자 적어 내려가며 떠올릴 추억이 마누 엄마와 아빠에게 더 큰 아픔이 될까 봐서요. 기우였습니다.

이 책은 '슬플 애(哀), 슬퍼할 도(悼)', 온통 슬픔으로 가득한 애도의 기록이 아닙니다. 마냥 슬퍼하고 멈춰 있는 것이 제대로 된 이별인 줄 알았던 12년 전의 내게, 꼼꼼히 기억하고 충실히 그리워하며 살아가는 것 또한 애도의 방식임을 알려 주는 사랑과 감사의 고백이네요.

"어려운 상황일 때 나타나 팀을 구원하는 기막힌 플레이어"와 함께하는 모든 반려 가족에게 이 책이 힘이 되기를. 소중한 가족을 잃은 모두에게 훈훈한 위로가 되기를.

— 드라마 「매드독」, 「괴물」에서 글 쓴 김수진

ⓒ 문정희, 2025
사진 김원범, 문정희
76~88면 사진 이준혁

발행일 초판 1쇄 2025년 10월 29일
초판 2쇄 2025년 11월 21일

지은이 문정희
펴낸이 박정민
편집 권은경
디자인 studio gomin
마케팅 김아영

펴낸곳 출판사 무제
출판등록 2019년 11월 1일 제2019-000294호
이메일 muzemkt@gmail.com
인스타그램 @booksmuze

ISBN 979-11-993644-7-9 03810

이 책의 전부 또는 일부를 재사용하려면
반드시 저작권자와 출판사 양측의 동의를 받아야 합니다.
잘못된 책은 구입하신 서점에서 교환해 드립니다.